21世纪学前教育专业教材　司书举·总主编

MENGTESUOLI JIAOYU LILUN YU SHIJIAN
蒙特梭利教育理论 与 实践

主　编　牛晓耘
副主编　牛晓红　于　争
编　委　周　琰　李　宁
　　　　王育宁　杜　婕

河南大学出版社
郑州

图书在版编目(CIP)数据

蒙特梭利教育理论与实践/牛晓耘主编. —郑州:河南大学出版社,2015.11
ISBN 978-7-5649-2223-8

Ⅰ.①蒙…　Ⅱ.①牛…　Ⅲ.①儿童教育-教育理论　Ⅳ.①G610

中国版本图书馆 CIP 数据核字(2015)第 268450 号

责任编辑　朱春华
责任校对　孟艺萌
封面设计　陈盛杰

出版发行	河南大学出版社			
	地址:郑州市郑东新区商务外环中华大厦 2401 号　邮编:450046			
	电话:0371-86059701(营销部)　网址:www.hupress.com			
排　版	郑州市今日文教印制有限公司			
印　刷	开封智圣印务有限公司			
版　次	2016 年 1 月第 1 版	印　次	2016 年 1 月第 1 次印刷	
开　本	787mm×1092mm　1/16	印　张	12.25	
字　数	246 千字	定　价	29.80 元	

(本书如有印装质量问题,请与河南大学出版社营销部联系调换)

前 言

蒙特梭利教育在世界的影响力可以用一个例子来说明：很多外交官都会把自己的孩子送进蒙特梭利学校。原因在于，外交官们会不时调动工作，孩子也会跟随家长不时转学。要让孩子可以比较快速地适应环境变化，学校环境和学习形式的对接就成为一个问题。蒙特梭利教育体系中，学校的教育环境和教学形式有很强的一致性，满足了外交官们的孩子在学业上的连续性，也大大缩短了陌生环境的转换期。更重要的一点是，目前世界上已经有一百多个国家有蒙特梭利学校，高覆盖率和高辨识度让很多外交官把蒙氏学校作为自己孩子的入学选择。

当然，蒙氏教育被见多识广的外交官们选择的重要原因，是其教育思想早已获得了学术界和社会的广泛认同。其教育理念和教学形式也被主流教育所接纳和吸收。在近百年来教育革新的征程里，区角教学、开放式教室、混龄教育、启发式教学、做中学等教育创新中，都能看出与蒙特梭利教育一致的目标、认识和做法。

如果以1907年蒙特梭利创办的第一所儿童之家为起点的话，这个教育体系已经建立和发展了一百多年。这一百年的前半时，蒙特梭利还在世，她以天才的研究能力、超凡的激情，完善和发展着教育体系，写下了诸多著作，并在全世界演讲培训，播撒了众多火种，为蒙氏教育打下了坚实基础。在她去世之后的半个世纪，这个教育体系已经拥有生生不息的生命活力，众多的教育工作者和家长透过蒙特梭利教育的理念来认识儿童、认识教育，让一代又一代的孩子在符合他们内在需求的环境中生活和学习。

玛丽亚·蒙特梭利对于儿童的研究之深入，让后人惊叹她是个"先知"。现代心理学、神经科学的发展与突破，不断地印证了她对儿童的感知和分析。

蒙特梭利教育体系之完整也是在教育史上难得见到的。很多教育家的研究停留在理论上，缺乏具体的实际应用。从这个角度上来说，蒙特梭利教育是知行合一、理论和应用并举的最为完整的一个体系。也正因此，蒙特梭利教育才始终保持着鲜明的独立特性，其体系在不断吸收和丰富,但不会被其他体系吞没和消融。

　　蒙特梭利教育不单是一种简单的教学法。1933年,玛丽亚·蒙特梭利在《纽约时报》上发表的一篇文章中写道:"世界如果不被幻觉和未来的恐惧所控制,那么就需要自我的重新建设。而这种自我的重新建设,不是靠科技,不是靠社会研究,也不是靠女性的解放,而是靠儿童的自由。帮助儿童从成人的控制中解放出来,自由、全面地开发自己的个性,这就是重建社会和创造新世界的真正希望。"蒙特梭利教育的生命力如此之强、影响力如此之广,正是因为创建者志存高远、发心纯粹,对世界和人类的悲悯心和责任感驱使着她的研究和实践。也正因为如此,蒙特梭利教育更像是一场思想革新运动,让我们重新看待孩子,重新审视教育。

笔者
2015.8.1

目 录

第一章 玛丽亚·蒙特梭利与蒙特梭利教育 ……………………………（ 1 ）
 第一节 玛丽亚·蒙特梭利生平 ……………………………………（ 1 ）
 第二节 蒙特梭利教育思想的源头 ………………………………（ 10 ）
 第三节 蒙特梭利教育在中国的发展 ……………………………（ 17 ）

第二章 蒙特梭利教育原理 …………………………………………（ 23 ）
 第一节 精神胚胎 …………………………………………………（ 23 ）
 第二节 吸收性心智 ………………………………………………（ 26 ）
 第三节 敏感期 ……………………………………………………（ 29 ）
 第四节 正常化与歧变 ……………………………………………（ 44 ）

第三章 蒙特梭利幼儿教育的原则与实践 …………………………（ 59 ）
 第一节 自由的原则 ………………………………………………（ 59 ）
 第二节 工作的原则 ………………………………………………（ 63 ）
 第三节 秩序的原则 ………………………………………………（ 66 ）
 第四节 家庭如何实施蒙特梭利教育 ……………………………（ 68 ）

第四章 蒙特梭利教育环境的创设 …………………………………（ 72 ）
 第一节 预备好的环境及硬件环境建设 …………………………（ 72 ）
 第二节 蒙特梭利教育环境的八对要素 …………………………（ 77 ）
 第三节 蒙特梭利教具的特点及使用原则 ………………………（ 93 ）
 第四节 三段式教学法 ……………………………………………（ 95 ）

第五章 蒙特梭利教育内容 …………………………………………（ 97 ）
 第一节 日常生活练习 ……………………………………………（ 97 ）
 第二节 日常生活练习体系 ………………………………………（ 99 ）

第三节　感官教育 …………………………………………………（101）
　　第四节　数学教育 …………………………………………………（114）
　　第五节　语文教育 …………………………………………………（121）
　　第六节　文化教育 …………………………………………………（129）
　　第七节　学习内容的先后顺序 ……………………………………（133）
　　第八节　蒙特梭利教育环节和步骤 ………………………………（136）
　　第九节　工作曲线 …………………………………………………（141）

第六章　创办一个儿童之家 ……………………………………………（146）
　　第一节　蒙特梭利教室(儿童之家)的基本设备 …………………（146）
　　第二节　蒙特梭利教室的作息安排 ………………………………（147）
　　第三节　蒙特梭利日常生活主题课内容 …………………………（151）
　　第四节　展示页范例 ………………………………………………（154）
　　第五节　新生入园家长工作策略 …………………………………（159）
　　第六节　各种工作表格范例 ………………………………………（165）

第一章 玛丽亚·蒙特梭利与蒙特梭利教育

> 玛丽亚·蒙特梭利的性格特征:独立、富有想象力、充满活力;幽默、智慧和无尽的精力。
>
> ——芭芭拉·奥康纳(玛丽亚·蒙特梭利生前的同事)

第一节 玛丽亚·蒙特梭利生平

了解一个人思想的同时,我们最好先去了解下这个人的生平。是什么样的人创建起这么一个伟大的教育体系?蒙特梭利为何能做出如此成就?她的成就是怎样形成的?我们可以从她身上发现些什么、学习些什么?本节,我们就通过玛丽亚·蒙特梭利生平中的各个阶段及她的成长历程来发现这些问题的答案。

一、蒙特梭利成长与求学背景

1. 有爱和严格家教的家庭

玛丽亚·蒙特梭利,1870年8月31日出生在意大利,她是一个独生女。父亲是个贵族后裔、军人出身的公务员,比较严厉保守。母亲是意大利一位哲学家和科学家的侄女,聪明漂亮、重视家教,还有一颗愿意帮助别人的善心和爱心。玛丽亚继承了母亲的容貌和性格,从小便有慈悲心,乐于帮助不幸的人。

2. 对平等、尊重的敏感

玛丽亚常主动关心别人,也常是团体的领导者,和同伴可以和谐相处,但对于大人的不尊重则会表现出强烈的反抗精神。上小学时,玛丽亚对教师轻视儿童和侵犯儿童人格尊严的态度和行为极为反感。有个老师不尊重学生,有一次这个老师曾用略带侮辱的口吻提及她的眼睛,为了抗议,玛丽亚从此不在这位老师面前抬起眼睛。从这个例子中我们可以看到玛丽亚对于平等、尊重的敏感以及内心力量的强大。

3. 进入工科学校,喜欢数学

与当时的大多数女孩子不同,玛丽亚喜欢数学等自然科学。13岁时,她进入米开朗基罗工科学校就读;中学毕业后,进入国立达文奇工业技术学院,学习现代语言与自然科学。玛丽亚有着强烈的求知欲,且对数学有浓厚的兴趣,她认为在数学里面可以学到精确与秩序,数学与人的逻辑思维、推理、思考、创意有关系。

由于她对数学的偏爱以及扎实的数学学术基础,她在之后的教育生涯中,设计出了富于数学逻辑和美感的各种感官类、数学类的教具。

4. 不愿意当老师

玛丽亚中学毕业时,以当时的社会风气,女孩子最好的出路是嫁个好人家。若工作的话,最好的职业便是教师。父母希望她做教师或结婚,但她都拒绝了。

玛丽亚是个胸有大志、心怀天下的人,她有着强烈的助人意愿及追求正义和公平的个性,自然不会选择仅仅做个家庭主妇。而当时她所接触到的学校和教师工作也不能让她心生向往。而且更重要的一点是,她对知识的渴求在推动着她,把她带向更高的学习平台。

由于她对自然科学的热爱,她进入工科大学,专攻数学。后来又对生物产生了强烈兴趣,于是进入罗马大学读生物。

可以看到,玛丽亚一直在听从着自己内心的召唤,去了解、发现世界。她的内在学习探索动机很强,没有被压抑和阻断。她一直牢牢地为自己掌舵,她的独立精神、自主能力被很好地保护和建立起来。

5. 克服重重困难也要学医

终于,玛丽亚的人生最大的一次阻力到来了。

在读了生物专业之后,玛丽亚又开始对医学有兴趣,想要学医。在当时的意大利,医学院里还没有女性,也没有女医生。女孩子学医,被世俗所不接受。但玛丽亚是一个不会被世俗观念捆绑的人。她自己跑去见医学院院长,请求进入医学院学习。院长拒绝了她。她没有被院长的态度吓退,而是态度坚决地对院长说:"我知道我有一天会进入医学院。"从这件事中,我们可以看到玛丽亚信念的坚定以及行为的勇敢。

之后,我们更可以看到玛丽亚是一个说到做到的人,是一个意志力超强的人。她将医学院要求的课程——数学、物理、生物全部选修,并以优异的成绩让校方对她刮目相看。

1892年,玛丽亚终于如愿以偿地进入了医学院。但学校这一关过了,家庭的一关却难以逾越。她的父亲在她上工科学校时就曾不支持她,后来因为妈妈和玛丽亚的共同努力而让步了。这次玛丽亚要上医学院的举动触到了他的心理底线。当玛丽亚要一意孤行时,父亲中断了对她的经济支持,甚至和她断绝了父女关系。

即使如此,玛丽亚也坚定地走了下去。

进入医学院后,玛丽亚的生活要靠奖学金和兼职家教的收入,非常艰苦。生活的艰苦不可怕,更艰苦的是学校里的老师和同学对她的排斥。一个最为惊人的例子可以反映出她当时的窘境:医学院的学生都要上解剖尸体课,而和女生一起面对赤裸的尸体是很多男生们不愿意的。于是,玛丽亚要在没有其他人去的时候,才能独自一人去停尸房解剖尸体,而这个时间往往是傍晚。

6. 意大利第一位女医学博士

克服重重困难,以坚忍的精神和艰苦的付出,同时也一定有超群的聪明智慧相助,在1896年,蒙特梭利以第一名的成绩毕业,获得医学博士学位,成为意大利第一位女医学博士。

她在毕业典礼上发表了才华横溢的演说,赶来参加她的毕业典礼的父亲也在周围人们的祝福和赞赏中感到十分荣耀,父女两人终于团聚。

7. 责任感、使命感是她克服重重困难的动力

求学期间,玛丽亚因生活困顿、备受排挤而感受到孤独和压力。有一次,甚至她已萌生退意,但在公园里遇到的一对乞丐母女打消了她的念头。她看到那个乞丐的两岁左右的小女孩虽然破衣烂衫、食不果腹,却在津津有味地玩着一个小纸片,在自己的世界里怡然自得。这个孩子脸上散发出的光辉,与她的处境和她母亲的困苦状形成了鲜明对比。玛丽亚的心被触动了,她好像触摸到了人性深处的光辉。她内心的动力在此被激发起来,并且对于人性深处的那股力量产生了更强烈的好奇心。她从小就拥有的责任感、使命感是她学习和奋斗的动力源。

能说明这一点还有一个例子。也是在她还很年轻的时候,有一段时间,她生了很严重的病,甚至好友去医院看她,都感觉她可能难以治愈,流露出担忧的情绪。她却保持着乐观的态度,对好友说:"我不会有事的,这个世界还有很多事情在等着我去做。"

二、蒙特梭利开始接触儿童教育

1. 通过对智障儿童的研究而进入教育领域

玛丽亚从大学毕业后,担任罗马大学医学院的助理医生。作为罗马大学精神病诊所的一名助理医生,她经常去精神病院研究病人,去那里为诊所做一些研究课题。当时的精神病医院里,有许多智障儿童。在那个年代,智力障碍和心理疾患被混为一谈。

在那些智障儿童的生活环境里,没有玩具,甚至没有任何可供孩子们抓握和操作的东西。管理人员态度恶劣,不组织任何活动。

玛丽亚对这些儿童的处境深表同情,决心用自己的智慧去帮助他们。她感觉到孩子们智力上的缺陷主要是因为没有做好教育工作,而不是一个医疗问题。

2. 对前人的学习和继承

有智力障碍的儿童教育法起源于"法国大革命"时期。伊塔德,是第一个尝试用医学教育学法来治疗有听力障碍的人。他为巴黎的一些聋哑机构的儿童们做实验,使一些半聋的人最终清楚地听到了声音。后来他负责看管一个八岁的智障男孩,这个男孩是一个从小被丢在野外长大的"野孩子",人们找到他时,他已经错过了人类社会文化学习的重要时期,他的各类感官的发展也与正常的人类不太一样。伊塔德把他的教育方法扩展到所有的器官上,使这个男孩身上恢复了一部分智力和社会能力。

而为有缺陷的孩子们建立一个真正的教育学系统的是伊塔德的学生爱德华·塞根。他在10年的时间里,与智障孩子们待在一起,不断地修改和完善这些方法,并且应用在巴黎的一所小学里。后来塞根迁居到了美国,在那里建立了许多智障儿童学校,出版了他的著作。

伊塔德和塞根的教育思想和方法深深地影响了玛丽亚。她自己翻译他们的著作,亲手抄写,以加深理解。渐渐地,玛丽亚对智障儿童的教育方法的研究越来越深入。

3. 在智障儿童的教育领域里取得成就

1898年在都灵召开的教育学大会的医学研讨会上,很多人都提到了用教育学的医学方法来治疗和教育那些智力残障的儿童们。玛丽亚表达了她的观点,并立刻成为引人注目的焦点。

当时的意大利教育部部长邀请她给罗马的教师们讲一个关于低能儿童教育方面的课程。这个课程不久之后进入一所州立小学,玛丽亚主持这个课程达两年多的时间。在这个小学,她全天都给孩子们上课,而这些孩子都是一些被认为是没有希望的弱智儿童。

在这两年间,玛丽亚根据伊塔德的实验和塞根的研究,设计了一整套对智力缺陷儿童进行观察和教育的特殊方法,对教师进行培训,使他们在理论和实践上掌握和运用这套方法。同时,她还创新制作了一些教具材料,亲自对智力缺陷儿童施教。有一个时期,她每天从上午8点到下午7点都和儿童在一起。晚上,还要整理笔记,进行比较和分析。就这样经过两年的努力,她的这套方法取得了很大的成功。这些智力缺陷儿童不仅学会了读与写,并且通过了正常儿童的统一考试。玛丽亚对这段经历评价很高,自称这两年的教育实践,是她获得的第一个真正的教育学的学位。

4. 从智障儿童联想到正常儿童

玛丽亚发现,智力缺陷儿童的心理水平一般比同龄的正常儿童差,但与年龄更小的正常儿童有很多共同的特点,如感官发育不完善,动作不协调,走路不稳定,没有掌握语言,注意力不集中等。因此她确信,自己为智力缺陷儿童设计的教育方法也适用于正常儿童,而且会获得更显著的效果。

而且她被在正常儿童学校里看到的情况吓坏了。呆板的教学方法使孩子对上课毫无兴趣,或者说,对他们本来应该感兴趣的世界失去了兴趣。玛丽亚把学校里的氛围比作监狱,教师们粗声粗气地说话,几乎没有笑容,为了微不足道的理由惩罚孩子。

她越来越相信,她用来教智力障碍儿童的方法修改后可以用于正常儿童。

5. 重新回到大学去学习

1901年,玛丽亚再次回到罗马大学,进修哲学、普通教育学、实验心理学和教育人类学,以扩大和加深自己的理论基础,进一步研究教育正常儿童的方法,为以后从事正常儿童的教育打下了坚实的基础。

1904~1907年,她担任罗马大学人类学教授,并在讲义的基础上整理成《教育人类学》一书,于1908年出版。

三、开办"儿童之家"——标志着蒙特梭利教育体系的正式建立

1906年,"罗马住宅改善协会"在罗马贫民聚居区圣洛仑佐区建筑了几座平民公寓,供穷人租赁。白天,父母们外出工作,年幼的儿童无人照管。他们在公寓里玩耍,破坏公寓设施。有人建议在每座公寓里建一所学校,把公寓里3~7岁的幼儿集中在一间教室里,请一名教师指导他们游戏和学习。当时,正值玛丽亚到米兰担任万国博览会科学教育与实验心理学两门学科的评审委员,协会的董事长达勒姆很赏识玛丽亚,聘请她担任公寓幼儿学校的组织工作。玛丽亚也把办公寓幼儿学校视为对自己教育思想进行实验的良好机会,于1907年1月6日在罗马圣洛仑佐区开办了第一所"公寓幼儿学校",又称"儿童之家"。

1. 在"儿童之家"里对儿童的观察和研究

一个学者曾经这样描述玛丽亚·蒙特梭利:"一个像自然学家观察蜜蜂一样观察儿童的女性。"

蒙特梭利本人一再强调观察儿童的重要性,她说:"我所从事的不过是研究儿童,收集并发表他们所提供给我的信息。"在"儿童之家"里,她通过对儿童的研究和发现,不断地改进着教育环境,建立起了蒙特梭利教育体系的重要结构。

蒙特梭利通过她的观察,敏锐地捕捉和感知到儿童内在的诸多秘密,无论是精神的需求,还是认知的过程,都打破了以往大家对于儿童及其教育的一些刻板印象。

(1) 重复练习

一个小女孩把一个个圆柱体插入到多孔的板上,她一遍一遍地做着同一个动作,专心致志,丝毫不关心周围发生的事。当她做到第 42 次,终于把圆柱体全部插到孔里去时,她突然停止了,好像从梦中醒来一样。她笑了,显得非常开心。她的眼睛发亮。蒙特梭利认为儿童的这种自发的"重复行为"意味着这个活动符合儿童内在的某种需要,儿童从一遍又一遍的重复中完成着智能或精神的某个方面的建构。

【注解】在大多数人的认识里,不断地进行新内容的学习是正常而重要的,而重复是无聊和浪费时间。但蒙特梭利从儿童喜欢重复地做事情上发现,儿童通过重复的行为达到了某种精神和心智上的满足,并且坚信在这种重复中儿童内在的建构的意义。

(2) 孩子们渴望做事情并知道要做什么

有一天,教师早晨迟到了,放教具的柜子没有锁,在她到达时,孩子们已经从柜子里取出一些材料,工作起来。教师很生气,认为这些孩子偷拿了东西,必须受到惩罚。蒙特梭利不同意,她说,孩子们证明了他们渴望开始工作,而且他们知道做什么,他们做了自己的选择。他们不仅不该受到惩罚,还应得到表扬。

【注解】过去的教育中,人们把孩子比作一张白纸,要由成人来教导和灌输,他们才能知道如何做事情。蒙特梭利发现自由环境下的儿童,自己渴望做并知道怎么做。

(3) 儿童自己的选择

蒙特梭利发现,她提供给儿童的材料中,有些需要量很大,大家都想用,有些无人问津。她开始以为是因为孩子们不懂怎么使用那些材料,就示范给孩子看,但后来依然没有孩子使用。这件事情让她意识到,应该让儿童选择他们想要做的事,不需要教师去干涉。孩子们必须有选择的自由和独立自主。

【注解】只有信任孩子们有向善和成长动力、并且在为自己负责任的成人,才敢于让孩子们自己做选择。

(4) 工作胜于玩耍

虽然"儿童之家"有很多玩具,但蒙特梭利发现孩子们还是偏爱感官材料。她由此判断,儿童喜欢工作胜于玩耍。他们想学习,不过是以他们自己选择的方式来学习。玛丽亚说,如果成人被迫一直打牌或下棋,也会有同样的感觉。

【注解】人们原本以为孩子们喜欢轻松欢乐的游戏,蒙特梭利发现了孩子们对于生活、工作材料的喜爱,以及愿意去做有一定难度的事情。

(5) 自主的快乐

蒙特梭利发现在"儿童之家",孩子们没有被强迫去做他们不想做的事,没有人向他们喊叫或惩罚他们,他们很快就过得很快活了。刚来时苍白、营养不良的脸变得机灵健康;闷闷不乐、大喊大叫变得快乐、友好、整洁、守纪律,专心地做他们正在做的事。

【注解】人活着,需要食物,更需要自由和爱。自由中的生命才会绽放光彩。

(6) 精神充实的儿童不需要奖励和惩罚

当蒙特梭利说,她创办的"儿童之家"里的孩子会拒绝糖果;说儿童天性喜欢把东西放整齐时,她受到了很多人的质疑和批评,那些人认为她强迫了孩子或者是在夸大。对此她的答复是:"这些观点绝非我无中生有想出来的,全是我仔细观察儿童的结果。"而且她也常常不相信自己的眼睛,以至于会一次又一次地重复实验,去核对她的观察结果。

以拒绝糖果为例:"我带了糖果到学校去,但是孩子们不要,或者把它们放在口袋里。我想他们家里很穷,可能是想把糖果带回家给家人,我就告诉他们这些是给他们吃的,另外还有让他们带回家的,但他们把糖果拿了,全都放在口袋里不吃。"蒙特梭利猜想,孩子们每天在"儿童之家"的活动使得他们的精神得到了满足,没有了对于糖果等物质的渴求。他们更乐意做手头正在做的事,而不会为一些诱惑所动。

同时,蒙特梭利也发现,这些孩子对于奖励和惩罚都没有太在意。蒙特梭利在她的著作中举了个例子,说老师曾经为了赞扬一个孩子而奖励给他一块奖牌,后来发现他完全不在意地随手就把奖牌送给了另一个孩子。她发现,孩子们并非是因为大人的鼓励才去做事情的,也不会因为惩罚才学会遵守秩序。在她为孩子创造的环境中,孩子们很自然地形成了秩序,并认真而努力地学习着。

【注解】蒙特梭利认为孩子们有天然的尊严感,希望保持整洁和表现良好。蒙特梭利教育极大地保护了儿童的内在动机,而没有让他们把注意力放在外人的评价上。

(7) 儿童喜欢安静

通常人们印象中有孩子的地方一定是喧闹的,而蒙特梭利却发现了孩子们对安静的喜爱。

有一天,她把一个睡着的4个月大的婴儿带到"儿童之家",她让孩子们注意这个婴儿是如此安静,然后开玩笑说,他们中没有一个人能够做到如此安静。很快,房间变得极其安静,每个孩子都一动不动,控制着呼吸,每一张脸都呈现出一个沉思中的人所有的沉着和安详的神色。

这段经历启发了蒙特梭利,她想出一种"安静游戏"。比如,在孩子们正在"工作"时,教师贴出一张写着"安静"一词的告示。孩子们先后注意到这张告示,他们停止了工作,身体也都一动不动,蒙特梭利在她的著作中描述这样的场景:"整个房间一片寂静,就像风停止了吹动的池塘一样。""安静中的声音"出现了:椅子的吱嘎声、时钟的滴答声、遥远的火车声、花园里鸟儿的鸣叫声、远处走廊里一扇门的砰嘭声。

然后老师轻轻地走向房门,轻轻打开门,轻轻走出去。老师走到门外,用很小的声音一个一个地叫出孩子们的名字。孩子们一个一个站起来,非常缓慢、非常谨慎地将他的小椅子毫无声息地放到桌子下面,然后穿过其他的桌子、椅子,走出开着的门。

蒙特梭利发现孩子们享受这种寂静,喜欢和老师一起做这一类的"安静游戏"。而且在蒙特梭利教室里,孩子们自觉地创造和维护着一种宁静的氛围。

【注解】宁静中,人可以更多地体会到自己,也可以更敏锐地感受到环境。儿童也一样。人们心目当中儿童产生的嘈杂,可能是因为他们的注意力没有合适的目标投注,也可能是他们欢快地释放自己的活力时发出的声音,也可能是他们渴望得到时的表达。而一个真正满足了的孩子,会透出宁静的气息,并喜欢宁静的环境。

(8) 孩子喜欢读和写

学习读和写无论是在当时的意大利还是在今天的中国,都是让许多孩子讨厌的事。而且很多孩子每天又背又写,上了很多课,写了很多作业,学习效果却不好。

蒙特梭利最初不打算在"儿童之家"让孩子读写,也是由于家长们提出了要求,而且她发现了个别孩子的自发需要,才开始把读和写列入学习内容。

最初,她也用口授和观看的方式教孩子认识字母,发现效果不佳。后来她请人在木板上刻下字母,让孩子们用手触摸字母的刻痕,发现孩子们很快便学会了写字,而且热情极高。之前在孩子们操作感官类的材料时,蒙特梭利注意到他们对于粗糙和光滑的不同程度非常敏感。于是蒙特梭利制作出了砂纸字母卡片,让孩子们用手指描摹。结果孩子们非常喜欢,并且很快把握了字母的形状。于是在"儿童之家"中出现了被蒙特梭利称为"写作兴趣爆炸"的现象,孩子们到处写字。

【注解】为什么学和如何学是教育者务必要认真思考的事情!从蒙特梭利发现了孩子喜欢读和写的过程中可以看到,教育者不能固执己见,保持开放的心,才能真正地发现和帮助到孩子。

以上这些仅仅是蒙特梭利对儿童的发现的一部分,我们可以从中看到,蒙特梭利是一个具有敏锐洞察力的教育研究和实践者。这是她创建起如此精彩的教育体系的重要原因。

2. "儿童之家"的教育实验获得极大成功

在"儿童之家"中，那些入园时胆小、害羞、语言发展差、注意力不集中、情感淡漠的贫苦家庭的孩子，经过一段时间的教育后，变得举止文雅、整洁、有礼貌，还学会了饲养动物、做手工，五岁以前就学会计数，并掌握了读和写的基本技能。

通过大量的观察和实验研究，蒙特梭利掌握了正常儿童身心发展的规律，并创造了一套与之相适应的教育方法。1909年，她总结"儿童之家"的经验，出版了《使用于儿童之家幼儿的科学教育方法》一书，全面阐述了她的教育思想和方法。此书出版后，很快被译成二十多种文字，流传于世界各地。

"儿童之家"的"另类"教育法和奇妙的效果很快引起国内外人们的广泛注意。来自意大利各地以及世界各地的参观者络绎不绝。很快，蒙特梭利教育的声名被广泛传播，著作畅销。很多人参加了蒙特梭利的教师培训，并成为热情的传播者和实践者。在当时的西方世界，刮起了一阵"蒙特梭利旋风"。

3. 蒙特梭利教育体系的完善、拓展及广泛传播

由于广泛的需求，以及玛丽亚·蒙特梭利的社会责任感驱使，她于1911年开始在世界各地开设培训班，举行国际会议。同时，她也逐渐地将研究领域从幼儿园阶段拓宽到上至青春期下至新生儿的阶段。

蒙特梭利并没有被自己的成功所迷惑，她始终不忘初心：教育是为了世界和平。要改造社会，必须要从教育做起。同时，她认为自己只是发现了人类潜能世界的一个角，仅仅是教育革新运动的开始。

由于她不仅仅是一个教育家，她的追求有着更高远的境界，可以说她是为了世界和平、为了儿童的福祉而奉献了一生。因此，她获得了人们对她的热爱与尊敬，也获得了社会和政府的认可。例如，荷兰阿姆斯特丹大学授予她"荣誉哲学博士"学位，苏格兰教育研究院授予她"荣誉院士"职位。她还于1949、1950、1951年连续三年获得"诺贝尔和平奖"候选人的提名。

1952年5月6日，玛丽亚·蒙特梭利在荷兰与世长辞，但她的教育思想和教学法却像常青树一样，种植于全世界，荫庇人类。

当今，全世界五十多个国家有两万多所被认证过的蒙特梭利学校采用蒙特梭利教育的模式，没有被认证的蒙特梭利学校就不计其数了。

附：蒙特梭利著作

《教育人类学》(Pedagogical Anthropology)

《蒙特梭利教学法》(The Montessori Method)

《蒙特梭利手册》(Dr. Montessori's Own Handbook)

《高级蒙特梭利教学法》(The Advanced Montessori Method)

《童年的秘密》(The Secret Of Childhood)

《新世界的教育》(Education For A New Wold)

《发现儿童》(The Discovery Of Child)

《吸收性心智》(The Absorent Mind)

《教育之重建》(Reconstruction In Education)

《家庭中的儿童》(The Child In Family)

第二节 蒙特梭利教育思想的源头

蒙特梭利教育博大精深，但绝不是玛丽亚·蒙特梭利闭门造车的结果。如同一条大河，总会有上游的各条支流的汇入，才会形成奔涌宽阔的气势，她是通过自己孜孜不倦的学习和吸收，从前人的研究成果中汲取了营养所取得的。本节，我们对蒙特梭利教育思想之河的源头及各条支流做些粗浅的了解。

一、思想启蒙运动

17～18世纪，文化启蒙运动兴起于西欧，很快波及欧洲大多数国家，并影响到全世界。

这是继文艺复兴之后近代人类的第二次思想解放。1784年德国哲学家康德所著《什么是启蒙》指出，启蒙就是使人们脱离未成熟状态，把人们从迷信或偏见中解放出来。启蒙运动思想家们用理性的原则、自由平等的原则批驳中世纪的等级特权，用知识、科学启迪人们的愚昧无知、传统偏见，打破旧的风俗习惯。

法国启蒙运动代表人物卢梭，在《论人间不平等的起源和基础》一书中指出，应建立一个没有贫富之分的社会，基本思想是天赋人权、主权在民、自由平等。

蒙特梭利的世界观、人生观以及儿童观和教育观都来自于这片丰厚的人文思想土壤。

二、科学新发现

19世纪是科学迅猛发展和突破的时代。在天文学领域,科学家们开始研究太阳系的起源和演化;在生物学领域,细胞学说、生物进化论、孟德尔的遗传规律相继被发现,并影响到社会科学的发展。1859年,英国生物学家达尔文出版了《物种起源》。

哲学家培根提出"知识就是力量"的著名口号,强调发展自然科学的重要性。约翰·洛克认为知识来源于感觉,经验是知识的源泉。

蒙特梭利从小对自然科学感兴趣,后来进入大学学习生物学和医学。达尔文的生物进化论与孟德尔的遗传学说,法国昆虫学家法布尔、生物学家卡需尔及荷兰生物学家德弗里对她的影响都很大。法布尔主张从自然环境中观察所研究对象的行为,德弗里提出有机进化的突变理论及昆虫生长的敏感期理论,卡需尔则从生理学角度大声疾呼要重视幼儿教育,这些主张在蒙特梭利的教育理论中留下了痕迹。

19世纪末20世纪初,心理学的研究呈现出百花齐放、百家争鸣的局面。1879年德国学者冯特建立第一个心理实验室,标志着科学心理学的诞生。以华生、斯金纳为代表的行为主义学派,以弗洛伊德、阿德勒、荣格为代表的精神分析学派对蒙特梭利都有影响。

三、教育思想及实践传承

(一)遵循天性,注重直接感知

蒙特梭利的教育思想受到夸美纽斯、卢梭、裴斯泰洛齐以及福禄贝尔的自然教育思想的影响。

1. 夸美纽斯

夸美纽斯,17世纪捷克教育家,也是第一位提出幼教理论完整体系的学者。他认为教育应该及早开始,自幼年期开始就对幼儿的天性加以启发,若错过此一受教育的最佳时期,则难达教育的目的。

夸美纽斯在《大教学论》一书中,阐明了两个基本思想:

(1)一切教学必须依循自然的秩序。

(2)对幼儿传授知识必须依靠感官的知觉,以求幼儿理解。即引导幼儿认知的最正确方式来自"实物",当实物出现时,幼儿可以经由看、听、摸、闻、尝来获取实物的完整知识。

2. 卢梭

卢梭,18 世纪法国启蒙思想家、哲学家、教育家、文学家,启蒙运动的代表人物之一。主要著作有《论人类不平等的起源和基础》、《社会契约论》、《爱弥儿》、《忏悔录》等。

他的教育思想主要有:

(1) 把儿童提升至教育的中心地位,实现了教育对象和过程的主体转换。

(2) 重视儿童的天性,详细论述了儿童生理、心理因素在教育中的重要性。

(3) 认为儿童天性中包含主动、自由、理性和善良等因素,呼吁保护儿童纯真天性,让儿童个性充分发展。

(4) 让儿童直接面对自然,根据亲身感受和直接观察来扩展知识范围。

3. 裴斯泰洛齐

裴斯泰洛齐,19 世纪初瑞士教育家。他创立了一个新的教育理论体系,特别是初等教育的理论,并在实践中予以贯彻。他通过实物教学法的实验,第一次把教育建立在心理学的基础上,提出"教育心理学化",使教育与心理学紧密地结合在一起,给后世的教育和教学产生了深远的影响,这是他对人类教育最重要的贡献之一。

(1) 受卢梭教育思想影响,认为教育应适应自然,按照人的天性及其发展顺序逐步进行。教育者对于儿童所产生的影响必须跟儿童的本性一致。

(2) 创立要素教育理论。认为教育过程必须从一些最简单的因素开始,逐渐转到复杂的因素。智育的最简单的要素是"数目"、"形状"、"名称",相应的智育任务是"计算"、"测量"、"语言"三项。智育应使儿童的认识"从模糊混乱到较为确定,从确定到清楚,再从清楚到十分明晰",并特别强调"必须集中地提高智力,而不仅是广泛地增加观念"。

(3) 实践性。主张儿童在"劳作"中学。

4. 福禄贝尔

福禄贝尔,19 世纪德国幼儿教育家。1805 年开始在一所裴斯泰洛齐主义的学校任教,1817 年在卡伊尔霍创办小学,力图实现裴斯泰洛齐的教育原则。1837 年在勃兰根堡开办学前教育机构,1840 年正式命名为"幼儿园"。福禄贝尔建立了较完整的幼儿园教育体系,被称为"幼儿教育之父"。其幼儿教育理论和实践对世界各国幼儿园的发展以及幼儿教育理论体系的形成和发展产生了广泛的影响。在他的墓碑上刻有他生前最喜爱的一句话:"来吧,为我们的儿童生活吧!"

福禄贝尔的教育思想及实践主要包括:

(1) 创建了世界上第一所幼儿园。他指出,他创建的幼儿园与以前已存在的幼儿学校一类的幼儿教育机构是不同的,"它并不是一所学校,在其中的儿童不是受教育者,而是发展者"。他把自己的学校称为"幼儿的花园"(幼儿园),他把幼儿放在生长发芽的种子的地位上,把教师放在细心的有知识的园丁的地位上。

(2) 明确提出了幼儿园的任务是:通过直观的方法,锻炼他们的外部感官,参加各种活动,发展体格,使儿童在游戏、娱乐和天真活泼的活动中做好升入小学的准备。

(3) 发明"恩物"。福禄贝尔在幼儿园教育实践中创制了一套活动玩具,称之为"恩物"。"恩物"仿照大自然事物的性质、形状和法则,体现了从简单到复杂的原则。

(4) 强调游戏在幼儿园教育中的地位和作用。福禄贝尔认为游戏是儿童内部需要和冲动的表现,游戏作为儿童最独特的自发活动,是幼儿教育过程的基础。在福禄贝尔看来,一个游戏着的儿童,一个全神贯注地沉醉于游戏中的儿童,正是幼儿期儿童生活最美好的表现。

(二) 人类学

人类学,就是研究人类的本质的学科。科学的人类学在19世纪进化论出现以后才开始形成。教育人类学,则是融人类学、教育学、社会学、历史学、哲学、生物学等相关学科于一体,从人类发展的高度把握教育的本质。1904~1907年,蒙特梭利担任罗马大学人类学教授,并在其讲义的基础上整理成《教育人类学》一书,于1908年出版。

蒙特梭利认为在不同时代、国家及民族的环境下,人们的生活模式也不同。教育是在传承民族、国家的遗产。通过教育,将儿童培育成适应社会并有益于世界的人。

(三) 特殊儿童教育

1. 伊塔德

有智力障碍的儿童教育法起源于"法国大革命"时期。耳科治疗学创始人伊塔德,是第一个尝试用教育学法来治疗有听力障碍的人,也是第一个提出用观察的方法来对孩子们进行教育的教育者。他在教育学方面所做的努力和经历,是实验心理学的第一次尝试。

伊塔德有一个非常著名的教育实验——"阿威龙野孩"。一个在野外长大、已经失去了人类社会性能力的8岁的男孩子,一个被其他学者认定为要永远成为"白痴"的人,激起了伊塔德的热情,伊塔德用数年的时间陪伴和观察这个孩子。在此过程中他积累了很多宝贵经验。

2. 塞根

塞根是伊塔德的学生,是为有缺陷的儿童建立起完善的教育系统的第一人。

塞根用10年的时间,与有缺陷的儿童待在一起,不断地修改和完善教育方法。这些方法被汇集成书《对有智力障碍的儿童的教育》,于1864年出版。

后来塞根迁居到了美国,在那里建立了许多智障儿童学校,并于1866年出版了他的方法的第二本书:《用生理学的方法来治疗有智力障碍的人》。

塞根非常强调教师本人的吸引力,他说:"教师们必须把最吸引人的举止和最动听的声音呈现出来,因为教师的任务就是去唤醒这些弱势群体的灵魂,引导他们看到生命的美丽和力量。"他认为,如果教师们没有准备好自己的工作的话,那些教学方法将变得毫无价值。对此,他有一些具体要求:教师们要看起来友善、声音愉悦。他们在做每件事情时的表情细节也很重要,要尽可能地吸引孩子们的注意。这一部分,被玛丽亚·蒙特梭利运用在蒙特梭利教师的言行标准中,成为蒙氏教师素养要求的一部分。

塞根说:"唤醒他们的精神灵魂,如果他们拥有了正常人所拥有的精神的话,他们就会拥有自己的生活。"他引导那些有智力障碍的人从一个近似于植物一样单调的生活状态,进入到一个有智力思维的生活状态。从日常生活中的一些事情的指导到感官教育的指导,从普通想法到抽象思维,从抽象思维到道德教育。

塞根研究异常儿童有30年的历史,他通过对生理和心理现象的分析,制定了一套教育方法,这些方法在一定程度上也适用于正常儿童。他相信这一步将会让人类得到彻底的重生,是一条希望之路。

对于伊塔德和塞根这两位前辈,玛丽亚·蒙特梭利以崇敬的心情写道:

"我不仅仅是按照他们的方法去做一些实际的实验,而且是带着虔诚的信念去看待这些高尚神圣的科学家们的工作的,他们为人类默默地做着贡献,没有人会认为他们是英雄,但事实上他们是真正的无名英雄。"

伊塔德和塞根的成就也是建构在前人的基础上的,所以蒙特梭利崇敬和感谢的不仅仅是这两位,而是所有历史长河中追寻真理和良善的思想家与科学家们。

【相关链接】

阿维龙野孩的故事

法国科学家伊塔德在他著名的教育学论文《野孩子阿维龙的初步发育》中,详细地讲述了一种稀奇的、庞大的、非常具有戏剧性的教育。这种教育试图克服一个智力发育不完善的孩子的生理缺陷,同时让他摆脱一种原始的自然生活状态。

这个孩子全身的累累伤痕,叙述了一个人和野兽、自然作斗争的历史,也揭开了一个悲惨的故事。

阿维龙野孩是一个在大自然中长大的孩子,他从小被人暗害,暗杀他的人以为他已经死了,把他丢在森林里。他却奇迹般地依靠自然的力量活了过来。他一个人赤身裸体地在荒郊野外幸存了许多年。直到被猎人捕获,他才被带回来,进入巴黎的文明生活。

这个孩子已经成为哑巴,他被诊断为弱智,而且永远不可能再接受智力教育了。

作为一个聋哑医生和一个心理学的学者,伊塔德对于这个孩子采用了已经部分用于治疗有缺陷的人的听力的方法。他相信这个野孩子一开始表现出来的是一个低能的特征,但这不是因为他是个低能的、器官退化的生物体,而是因为他缺乏教育。伊塔德是爱尔维修的追随者,他信奉爱尔维修的理念:"没有生活在人类交际圈的人不能算人。"他相信教育的威力。

依照对这个野孩子的第一印象,伊塔德进行了实验。这个野孩子所表现出来的特征证明了前一种论断的正确性。

伊塔德把对这个野孩子的教育分成了两部分。第一,他极力引导这个孩子从自然生活走到社会生活中。第二,他对这个白痴进行智力教育。

这个孩子在经历了恐怖的、从小就被放逐在野外的生活后,他发现,现在的生活对于他来说很幸福。可以说,他把自己沉浸于大自然之中,尽情地感受着风雨雷电的美好,他快乐而陶醉,一切自然现象都能成为他欢乐的源泉,他把它们当成伴侣,对它们无比热爱。

现代人的文明生活放弃了原始人经历过的那个阶段,这是人类进步所获得的利益。在伊塔德的书中,我们发现他生动地描述了他把这个野孩子引入到文明生活的轨道上来所做的道义工作。他增加孩子的需要,对他进行爱抚。

这里有一个例子可以证明,伊塔德作为这个孩子自发表情的观察者,曾付出了无比的耐心。这为那些准备对孩子们采用实验方法的教师们提供了一个很好的真实例子,他告诉他们,在处理被观察对象表现出来的一些现象时,观察者需要有耐心和自我克制精神。

伊塔德在他的文章中有这样的描述:

> 他在他自己的房子里,我在静静地观察他的表现。我看见他在懒洋洋地打发着时间,他感觉到单调而郁闷,他的眼睛不时地瞟着窗外,他像在太空中漫游世界一样,静静地凝视。
>
> 如果哪时突然下起了暴雨,如果隐藏在云层后的太阳突然露出脸来,天空因为划过了一道亮丽的光芒,突然变得明亮起来,他就会突然迸发出一阵大笑,他的表情几乎高兴得有点儿痉挛。
>
> 有时,他并不高兴,看起来有点儿狂躁不安:倒扭着自己的胳膊,把自己握紧的拳头放在眼前,他好像感觉到这些现象对于他来说很危险。
>
> 一天早晨,天空中下着很大的雪。那时他还没有起床,当他醒来时,他发出一声高兴的尖叫,从他的床上一跃而起,跑向窗户和门口,并开始来来回回不耐烦地走动。然后,他就脱掉衣服跑出去了,跑进了花园,发出刺耳的尖叫,宣泄内心的喜悦。他在

雪中打滚,用手大把地采集雪,并吞下它,做这些时,他的表情看起来有一种难以置信的渴望。

但是,看到自然的无比壮观的场面时,他的感觉不总是这样鲜明,他也不总是喧闹。值得注意的是,在某些情况下,他看起来非常遗憾和悲哀。因为天气不好时,人们都离开了花园。可他却非要选择去那里,他会绕着花园走几次,最后坐在喷泉边。

我经常整个小时停下来,带着难以描述的兴奋之情观察他。当他坐着时,我看到他脸上的表情变化,有时没有任何表情,有时却面部扭曲。渐渐地,他的表情又变得悲伤和忧郁。他的眼睛紧紧盯着水面,手不时地向水里扔一些枯叶。

如果是一个皓月当空的夜晚,每当有柔和的光芒射进他的房间,他就很少能睡着,他会走到窗边,直挺挺地待在那儿,整个晚上,一动不动。有时,他也会探出头去,眼睛盯着洒满了月光的旷野,陷入一种沉思状态。间或发出深深的叹息,最后会在一阵哀怨的悲叹中结束。

在别的地方,伊塔德讲述这个男孩不知道在文明的生活中该如何走路,他只会跑。在告诉他怎么样走后,伊塔德就将他带到了巴黎大街上,这个野孩子就开始疯跑,一开始伊塔德跟着他跑,并没有粗暴地去制止他。

他对这个野孩子进行循序渐进的、温和的引导,向他展示社会生活的样子。(对教师的启示:在对小孩子们的教学中,最初应该是教师去适应孩子们,而不是孩子去适应老师们)

不断地吸引这个孩子的注意力,用新生活自身的魅力去征服他,而不是粗暴地强制他。如果是用强制的方式,孩子就会感觉到这是一种负担和折磨。所有的这些都可以作为宝贵的教育经验,广泛地应用到教育孩子上。

我相信,到目前为止,还没有任何有记载的资料,对原始大自然生活和社会生活作出过一个如此深刻而鲜明的对比。也没有任何资料如此直观地表明,社会是由放弃和限制所构成的。从一开始满足他原始地跑,到限制他的跑,到让他去学着走路。从允许他大声地叫喊,到让他恢复成普通讲话的音调和声音。

做这些时,伊塔德没有采用任何强制措施。他用社会生活的魅力渐渐地吸引这个孩子,伊塔德的教育成功了。文明的生活必须放弃原始大自然的生活,这是事实。这几乎像从大自然的怀抱中抢过一个人来,也几乎像从一个母亲的怀抱里抢过一个新生婴儿。但它毕竟是一种全新的生活。

在伊塔德的文章中,我们看见人类的爱最终战胜了大自然的爱。野孩子阿维龙最终结束了对大自然热爱的感觉,他更喜欢伊塔德对他温和的感情和亲切的爱抚,他被感动得热泪盈眶。不再把自己沉浸在皑皑白雪中,也不再在繁星满天的夜晚对着无限的宇宙沉思不已。一天,他在逃跑到乡下后,又懊悔地自愿返回来了,因为在这里,他可以找到好吃的汤和温暖。

——摘自《蒙台梭利幼儿教育科学方法》

第三节 蒙特梭利教育在中国的发展

本节想要让大家大致了解一下蒙特梭利教育在中国的发展概况。从时间上说,历史是个远视眼,越是近处越看不清。在空间上说,有"不识庐山真面目,只缘身在此山中"的说法。所以本节对于中国蒙特梭利教育发展的阐述仅供大家参考。

一、20世纪初的中国早期教育

早在20世纪初,就有民间的教育者将蒙特梭利教育带到中国,但连年战乱使得中国没有一片好的土壤孕育出优质的早期教育。1914年,江苏省成立了"蒙特梭利教育法研究会",1923年,国立北平女子师范大学附属蒙养园开办了两个蒙特梭利班。20世纪20年代初玛丽亚·蒙特梭利曾致函中国教育部长,邀请中国派人赴罗马参加教师培训,并征集在中国采用该教育的报告及书籍。当时的教育部长蒋梦麟先生回复称:"您的教具颇多,不甚经济,中国多采用设计教学法,教材取自生活,不需购置教具。"回复中还称中国没有实施蒙特梭利的报告及书籍等。

二、新中国初期的早期教育

1949年新中国成立后,中国教育全盘引入前苏联教育模式,来自欧美的教育思想被拒之门外,再次错过了与世界其他国家的教育共发展的数十年。

"文革"结束后,随着改革开放的热潮,国际上的多元教育思想再次进入我国教育界。北京师范大学教授卢乐山在1985年翻译出版了《蒙特梭利的幼儿教育》一书。1990年和1993年人民教育出版社出版对外国教育各家名著丛书中,相继翻译了蒙特梭利的4本专著,即《童年的秘密》《吸收性心智》《蒙台梭利教育法》《教育中的自发活动》。与此同时,大学的课堂上,也不再批评包括蒙特梭利思想在内的西方教育,而代之以较为客观的介绍。

三、蒙特梭利教育在中国

20世纪90年代,中国教育界陆陆续续有高校教师和幼儿园园长及教师到国外参观学习,蒙特梭利教育的理念和方法随之被传入国内。而改革开放后的教育市场化更是推动了蒙特梭利教育培训热。热潮中,与中国大陆文化状态接近的台湾蒙特梭利教育风头最为强劲。一时间,蒙特梭利教育这一新鲜的名词及其代表的教育形式让人耳目一新,冲击了中国幼教界,一见钟情者、探索研究者、好奇观望者、跟风搭车者、挂羊头卖狗肉者,各种类型的人和机构以各种心态和形式接触着、使用着"蒙特梭利"。

由于中国早教、幼教界的市场化程度比较高,"蒙特梭利"被作为商业噱头滥用的现象非常普遍,很多利益驱动的机构没有认真学习其教育理念和方法,没有培养出优质的蒙特梭利教师,在自身水平很低的情况下,把蒙特梭利教具销售和教师培训当作盈利手段,导致接受过所谓培训的教师没有真正领会到蒙特梭利教育之真谛,用传统的教育观念误用着教具材料,在教育实施过程中缺乏从根本上对儿童的尊重。其结果是教育效果不佳,而这个结果又被不明就里的教育管理者和家长得出结论:蒙特梭利教育不符合中国国情。

而另一方面,也有一部分人在认真地研究和实践着蒙特梭利教育思想,坚守着自己作为教育者的良知和责任。特别要提到的是,1995年的银川,一群知识分子出于对蒙特梭利教育的热爱创建了宁夏科学启蒙研究会,从蒙特梭利的原著中汲取对儿童的新认识,并于1997年创办了中国第一所蒙特梭利学校。在实践中研究并提炼出"爱和自由"的教育理念。其中产生了之后对中国教育产生重要影响的孙瑞雪、李跃儿等一批教育实践家。

而在更广阔的中国大地,难以计数的真心热爱教育的人士尤其是家长,也都在通过各种途径学习和成长着,如同星星之火,在各自的家庭、幼儿园、学校改善着教育观、儿童观。正是这份坚守,和真正的蒙特梭利教育中熠熠发光的内核相呼应,形成了推动中国教育发展的强大动力,造福于众多的儿童。《幼儿园教育纲要》和蒙特梭利教育理念的一致性,从下面的表格中,我们可以看到,我国制定的指导幼儿教育的纲领性文件《幼儿园教育纲要》和蒙特梭利教育理念是完全一致的。

《幼儿园教育纲要》	蒙特梭利教育
幼儿园教育要深入实施素质教育,城乡各类幼儿园都应该从实际出发,因地制宜,实施素质教育	帮助生命的正常发展,帮助儿童形成新的人格
幼儿教育是终身教育的基础	生命教育最重要的阶段并非大学,而是人生之初6岁以下
幼儿园教育应尊重幼儿的人格和权利,尊重幼儿身体发展的规律和学习特点	社会必须重视儿童的权力,满足儿童的需要
要关注幼儿的个别差异,促进每个幼儿富有个性的发展	鼓励幼儿在自由选择的基础上,进行学习
环境是最重要的教学资源,通过环境的创设和利用,有效促进幼儿的发展	强调有准备的环境,环境是主宰一个人耳聪目明的重要条件。环境是教育的第一要素
教育内容是全面的、启蒙性的	教育内容分为五大领域,包含了所有内容,还包括学习材料以外的丰富内容
教师应成为孩子学习活动的支持者、合作者、引导者	强调教师是一个环境的预备者、观察者、启发者,是孩子教育的资源库

【相关链接】

把儿童从强权统治下解放出来
——摘自《发现孩子》

孩子打从出生那一刻起,就开始受到成人的压制,可怕的是,人们竟对其毫无察觉。

孩子是在强权统治下的弱势群体,他们不但不被了解,可能就连必要的需要也常常无法得到成人社会的认可。

蒙特梭利学校,是一个能够让孩子静心成长的地方。孩子被压抑的心灵可以在这儿获得释放,表达真正的自我。

孩子对一些我们认为他们应该会喜欢的东西——比如说玩具,并不太感兴趣,他们对童话故事也是兴趣索然。相反,孩子们总是想挣脱大人的控制,希望每一件事都能自己动手。除非是真的需要帮忙,不然孩子们表现出很明显的倾向是不想让大人插手。孩子们是那样安静、专注地投入到他们的工作中,那种专心、平静的神情真是令人惊讶!

孩子们从内心自然流露出的这种自发性,过去显然是因为大人们的居高临下及不适当的介入与干扰,而受到长期的压抑。成人以为自己所做的每件事情都可以比小孩好,于是就把成人的那一套行为模式强加于孩子身上,要求孩子接受大人的控制,迫使孩子屈服、放弃自己的意愿和创意。

成人习惯于用自以为是的方法来解释孩子的行为,用自认为正确的方式来对待孩子,这不仅造成学校教育的偏差和整个教育体制的误导,更导致社会采取了一连串完全错误的行动。这些教育上的失误,已引发了社会与道德上新的反思。

儿童与成人之间的对立关系,也因为复杂的社会礼教、对孩子的行为采取强制约束和刻意限制孩子的自我发展而更趋恶化。

一个在由大众控制的环境下长大的孩子,他的许多需求是没有办法得到满足的。孩子的必要需求不单单只是身体上的,更重要的还有心理上的。他们的心理需要能否得到满足,是影响孩子日后智能和道德精神发展的重要因素。孩子被力量比他强大得多的大人压制着,他不但不能依照自己的意愿行事,还要被迫去适应一个对他不利的生活环境,而且这一切都源于大人总是天真地以为这样做是在帮助孩子学会在社会上生活。

几乎每一种所谓的教学活动,都不约而同地采取了命令式的、甚至可以说是暴力式的方法,以此来强迫孩子适应大人的生活世界。这种方法的基本点是,要求孩子必须完全地、毫无异议地服从大人的指示。这种方式等于否定了孩子作为一个独立个体的存在,这对孩子来说是绝对不公平的。孩子因此而受到身心伤害和打击,更是没有任何一个成人能够忍受的。

成人对孩子的权威态度深植于家庭之中,即使那些备受宠爱的孩子也无法排除大人权威的压制。类似于家庭中的这种强权教育,在学校的学习环境里更是有过之而无不及。学校方面有组织的强权行为使得孩子们直接提早适应大人的世界,但这种教育的目的也只是为了让孩子早点配合大人的生活。事实上,学校里严格的课业标准和强制性的行为规定,都与孩子原本美好无虑的童年生活变得格格不入,使他们的日常生活变得危机四伏。学校与家长之间这种如出一辙的权威式管教方法,对缺乏抵抗能力的孩子而言,无疑是一股强势的压力,在这种氛围下,孩子所发出的胆怯不安的求救声,好像也从未引起任何人的关注。

孩子期待有人能够听听他们的意见,但他们弱小的心灵却一再碰壁、受伤。久而久之,孩子不但可能变得不愿意顺从,更有可能变得不爱惜自己,任由自己做出危险的行为。

如果我们要以孩子的福祉为中心,就应该采取妥善与人道的做法,那就要建立一个不再压制孩子的学习环境。这个环境应当要配合孩子的性情,让孩子在其中自由发展。

任何一项教育制度的推行,绝对必须先从建立一个能够保护孩子的环境做起。这个环境要能保护孩子不受成人世界那些危害孩子学习和发展的重重阻碍所威胁;这个环境要像暴雨中的避风港、沙漠中的绿洲,成为他们的心灵寄托之所在;这个环境要时时刻刻确保孩子能够健康正常地发展。

孩子在成人世界遭受压制,是一个在全世界都存在的社会问题。历史上受到强权压迫者，例如，奴隶、仆人和工人，都属于弱势群体，他们翻身的唯一机会，除仰赖社会改革别无他途，而社会改革的兴起，通常发生于统治者和被压迫者之间的较量之后。美国的南北战争是为了废除黑奴制度；法国大革命则是为了推翻统治阶级、建立现代新型制度。但是，这些可怕的战争都是成人实施强制的手段，它们是成人想用暴力来掩饰错误的见证。

和儿童息息相关的社会问题，并不是一个单纯的阶级、种族或国家的问题。一个只会在大人身边扮演附属角色的孩子，将会变化成一个不懂得在社会环境里生存的孩子。

大人只顾自身的利益去压榨孩子权益的做法，败坏了一个社会的整体性，无论从哪方面来看，不管受到压榨和磨难的是谁，孩子都将是受害的一方。所有关心儿童福利的人已达成一致共识：孩子是最无辜的受害者。被当成大众附属品的孩子，他们手无缚鸡之力，根本谈不上替自己争取权益。孩子受到的伤害是那么直接和深刻，他们更加需要得到社会的同情和宽待。

社会上有些讨论常常拿不幸的孩子和快乐的孩子、出身贫穷的孩子和有钱人家的孩子、被遗弃的孩子和被宠爱的孩子之间的差异作比较。这些讨论的结果都不约而同地表明，人和人之间的个性差异在童年时期就已经定型了，而且童年岁月对成年之后的生活的确有着深远的影响。

儿童是什么？儿童是成人制造出来的，为此成人也把儿童当作是一件私有财产。没有一个奴隶被主人所拥有能像孩子被父母这样完全拥有，也没有一个仆人像孩子那样必须永远服从大人的指示。从来没有任何人的权益像儿童权利那样不被重视；更没有任何一个工人必须像孩子那样，盲目地遵从大人的命令，至少工人还有下班的时候，还可以找个地方消遣。我想，没有一个人愿意处在孩子的地位。孩子被大人用一堆严格而又专制的规定限制着，他们什么时间必须做功课，什么时间才可以玩，都得按照大人的规定。我们的社会从来不曾将孩子视为一个独立的个体。因此，大人认为住起来舒服的地方就是孩子的家，在一个家里，妈妈负责洗衣做饭，爸爸负责外出工作赚钱，爸爸妈妈只要量力而为地照顾孩子就行了。自古以来，学校方面也是尽量尊重这样的家庭生活方式，因为人们始终认为，这样的安排就是我们能为孩子提供的最好照顾。

自古以来，所有的道德思想和哲学理论几乎完全以大人为中心，和孩子童年有关的社会问题都被忽略了。似乎没有人想过孩子实际上是一个有别于大人的独立个体。从来没有人思考过孩子也具有独特的性情，也没有人关心过孩子为达到其生命中的非凡成就所应具有的个别需要。大人只是把孩子看成是无助的弱小者，大人认为孩子应该按照他们的指令来做事。遗憾的是，孩子作为能如此吃苦受难而又如此体贴他人的良伴，却没有人能真正了解他们。

思考与整理：

1. 你从哪儿听说过"蒙特梭利"？

2. 谈谈你见过的"蒙特梭利"机构和"蒙特梭利"教师给你的印象。

3. 你认为玛丽亚·蒙特梭利由一个不愿意做老师的人却成为一个教育家的理由是什么？

4. 玛丽亚·蒙特梭利之所以取得学业的成功，并做一行成功一行，你认为是她身上具有什么样的特质造成的？

5. 玛丽亚·蒙特梭利对儿童的发现中，有哪些是你以前便认识到的？哪些是颠覆了你对儿童的认识的？

第二章　蒙特梭利教育原理

> 蒙特梭利学校是一个能够让孩子静心成长的地方。孩子被压抑的心灵可以在这儿获得释放，表达真正的自我。
>
> ——玛丽亚·蒙特梭利

第一节　精神胚胎

一、神秘计划——被施加了魔法的细胞

19世纪的科学家曾认为，人的胚胎从一开始就是个"迷你"小人，然后一点点长大。显微镜发明出来后，人们终于发现，最开始时只有一个细胞而已。而且在最初的时间，人类的这些细胞和其他动物的细胞一样看不出任何区别。

可就是这么一个细胞，却有着人力不可及的魔法。当精子进入卵细胞后，好像这个细胞接收到了一个开动的指令，神奇的变化按钮被按下，细胞开始不停的分裂、建构。在我们的意识完全掌控不了的情况下，一个细胞，按照一定的顺序，通过一定的时间，最终变成

了一个结构精密而神奇的生命体。动物界的所有胎儿,都是按照它所在物种的那个程序,从一个细胞慢慢地分化成长出来的。这个过程伟大、神秘、神奇。

而人类的精神和智能的建构,也有着同样的发展特质。一个婴儿呱呱坠地,他每一天都在变化中。他不仅仅是体重在增加、身高在增长,他的眼睛也一天天地亮起来,四肢一天天地活跃起来。有一天,他忽然能用眼睛追随人的面孔了;有一天,他回应了你的微笑……

从肉体来看,动物早期的胚胎都很类似,不论是人、兔子或蜥蜴。但当胚胎的发育到一定程度时,差别开始显现……最终,成为有着巨大差异的不同物种。而从精神的角度看,出生时每个孩子是相似的,随着时间的推移,智力、情感、能力等等的差异渐渐加大,决定了每个人的不同样貌和状态。

我们可以很明显地看到生命的成长过程中,有个计划的存在,有一套已经制订好了的程序。今天的生命科学研究已经证明了基因的力量,生物的基因中所包含的成长特性、成长进度、成长动力,那是大自然的力量,是人力无法抵达的地方。

人类作为高等生物,不仅仅有身体的成长,还有心理的发育和精神内涵的建立。如果说之前人们已经把握和理解了很多身体发育的规律,那么蒙特梭利一直强调的精神胚胎,就是让大家去理解在人的智能和精神发育的过程中那更为秘密的规律。

二、我们无法看到的隐秘的实体化过程

胎儿在母亲体内的时候,生活在温暖、安全的子宫内。没有人可以教导他和改变他的成长,人们只能通过让母亲吃好、休息好、心情好,来保证胎儿的营养和健康。只要母亲的子宫是健康的,身体是健康的,胎儿就按照那个所有胎儿都务必要遵循的程序,一天天地成长变化着。

新生儿是包藏在肉体中的精神,肉体可以用科学仪器测量出来,但是精神却无从查证。在成长的过程中,有一种内在的能量在启动新生儿身体。每一种降临到这个世界上的动物,都具有其所在物种天生的潜在本能,这些本能是经过亿万年的进化而形成的。

比如人格的形成,那是一个看不见的过程。我们只知道婴儿会有无限的发展可能,而无从得知他会成为什么样的人、有什么样的成就。人的发展要经历一个漫长的内在建设过程,蒙特梭利对这个内在建设过程有这样一个比喻:"一件艺术品在呈现给大众之前,艺术家必须先在他幽静的工作室里进行一番精雕细琢。"

这个艺术家是谁呢?不是别人,正是儿童自己。儿童的内在是他自己建构的。

很多人认为,儿童的发展,完全是因为大人的悉心照顾和认真养育,这种认识会让爸

爸妈妈和老师们产生一种责任感,以为自己就是启发孩子内在生活的力量。所以为了发展孩子的智慧、品行、意志力,他们会不停地提出建议、发出指令。我们会在生活中发现这样的父母,他在事业上、生活上可能都不是一个自信的人,可一旦做了父母,就立刻在孩子面前找到做皇上的感觉。幼小的孩子的确非常依赖身边成人,这是孩子的生存本能,因为只有这样,他才能活下来。于是,孩子身边的成年人,也就很容易把自己当作孩子的上帝,而在孩子面前为所欲为。

我们可以用这样一个例子来比喻人类常常做的傻事:青蛙的孩子是蝌蚪,蝌蚪却长得一点也不像青蛙。如果蝌蚪出生后,青蛙妈妈总要掀起蝌蚪外面的黑皮看看里面是不是绿的,看看尾巴里面有没有藏着腿,那么所有的蝌蚪都不会变成青蛙。好在青蛙妈妈们不会这么做。但是,好奇的人类却有可能这样。设想人类的宝宝如果不是在妈妈的肚子里完成物质胚胎过程,而是也像精神胚胎一样在外部环境中形成,那爸爸妈妈会不会每天都会掀开盖子翻看这个正在形成中的宝宝。他们会担心,这个看起来像个小壁虎的小胎儿难道真的会长成人吗?哎呀,腿怎么还没长出来呢,眼睛怎么还没睁开呀?他们还可能会想方设法地给他各种各样的催长素之类的营养品,希望自家的胎儿比别人家的发育得更早更好。于是各种训练班、各种营养品风靡畅销。

这个例子看似好笑,但事实上儿童的精神胚胎正在遭受这样的命运。养育孩子的成人们,总是试图迫使孩子在生长期内就出现最终的结果。结果当孩子还处在精神胚胎期的时候,就已经是体无完肤、伤痕累累了。

如果我们承认发展儿童个性的关键在于他自身,如果我们承认他有自己发展的进度,有必须服从的规律,如果我们相信那股微妙的力量的存在,我们才会真正地敬畏生命。我们所能做的,就是去认真地观察、学习,适时地出现,去协助这股力量,而不是不合时宜地干预和阻挠这种力量的秘密发挥。

三、精神胚胎之实体化

本节向大家介绍了蒙特梭利教育的两个概念,一个是精神胚胎,一个是实体化。

关于精神胚胎,蒙特梭利在她的著作中用大量的篇幅论述了人类婴儿相比动物的新生儿为什么显得更柔弱无能。相对于其他动物的孩子来说,人类的孩子是早产儿。科学家的研究说,如果人类的新生儿和其他动物一样,生下来没几天就能站起来,那胎儿就要在母亲肚子里长到21个月时再出来才行。

人类经过亿万年的进化,成为高度智能化、社会化的高等生物,所以人类的婴儿需要建立起大量吸收和创造精神内涵的能力,比如语言、多层次的交际情感和能力。这些能力都要在社会环境中、在与他人互动的过程中建构起来。所以,人类的婴儿在出生时,还是不成熟的个体,或者说,还是一个胚胎,为的就是能够在出生后的环境中获得更宝贵的与这个社会相适应的精神能力。

关于实体化,那是一个过程,一个形成的过程。我们可以想象,一块泥巴,逐渐地被雕塑成形,然后放在火里去烧制的过程。最终,烧制好的瓷器,无法再变形。蒙特梭利认为,孩子在刚出生时,还只是一个精神胚胎。他的成长过程,就是一个实体化的过程。正如一个肉体的胚胎需要用母亲的子宫并在那里得以发育一样,精神的胚胎也需要外界环境的保护与滋养。

四、精神胚胎之对儿童与教育

1. 精神胚胎的理论告诉我们

(1) 儿童内在有强大的发展潜能;
(2) 儿童的成长要靠他自己来完成;
(3) 每个儿童都是不同的,每个人有自己的发展进度。

2. 精神胚胎理论对于教育的意义

(1) 了解孩子在各个阶段的心理、生理发展规律;
(2) 成人要明白儿童的成长要靠他自己来完成,尊重儿童的需要;
(3) 为儿童提供良好环境,给予适宜的帮助;
(4) 人的精神生活在六岁之前是一个形成过程,在六岁之后是一个成熟过程,形成过程从无到有,每个阶段都不尽相同,在经历生命已经设定好的所有过程后,才能出现最终结果。

第二节 吸收性心智

一、认识吸收性心智

一个出生时几乎完全不能自主活动的婴儿,在三年内他就成为了一个能跑会跳、能说会道的人。孩子说话、走路是妈妈和老师教的吗？这些孩子每天都要上培训班才能学会他们已经掌握的那些吗？答案当然不是，这些孩子几乎是在不知不觉中自自然然学会的。

从婴幼儿学习语言，能很明显地看出来，孩子能讲一口流利的当地话，而他的爸妈若是外来移民，即使生活了很多年，也依然说不标准。所以孩子那流畅的语言很明显不是来自遗传，而是孩子自己利用环境中的一切资源，吸收和建立在自己身上的。

蒙特梭利说："这是由潜意识的心智来完成的。它是一种不可思议的智慧，环境中的某些方面会引起孩子强烈的兴趣，它表现出一种穿透整个生命的热诚，这就是一种潜意识的力量。"

科学家发现，所有动物中只有"人"最能适应各种气候，人能从事最多样化的活动，能用双手创造和建设，人类有最多种的语言。然而，这种适应性的学习，只能由儿童来完成。他吸收周围所有的一切，将习惯、风俗、文化铭刻在心。他学会一切而不知自己在学习。

蒙特梭利把这种心智叫作"有吸收力的心灵"。

二、关于吸收性心智的三个比喻

1. 溶解

成人和所获得的知识之间是分离的，如同花瓶和水。而幼儿和环境以及他所要学习的东西如同盐溶于水的关系。幼儿会将看到的、感知到的都吸收进自己的生命中。

2. 拍照

儿童的心智就像照相机，无论外界有什么，他都照单全收。而成人的吸收过程就像画画，得由简单到复杂，一笔一笔来。过去的照片都需要显影的时间，显影是需要在暗房中操作进行的，蒙特梭利认为暗房的角色非常重要，成人要提供给儿童一个环境，将所学的去慢慢显现出来。

3. 海绵

儿童的心智似海绵，吸收力惊人。而成年人则因为每个人的成长不同，有些人像木头、有些人像砖头、有些人像金属，吸收力各有不同，但一定都是有限的。

三、儿童吸收性心智的形成及转换

儿童之所以有这样的能力，从身心科学的角度可以这么来理解：在儿童头脑中，还没有建立起很多的概念体系，或者说，没有建立起筛选、防御机制。所以，外界讯息会顺着儿童的感知系统直接进入潜意识层。比如学习语言，儿童期学习的语言就是潜意识也会使用的语言,即母语。过了儿童期再学习语言,常常要经过思维转换,学习效率就下降了。

儿童是用他们的心灵、生命来吸收外界的一切,并且在体内进行心智的化学处理。外界的印象在孩子的内部被"肉体化",儿童利用在周围世界发现的一切创造自己的"心智肌肉"。心智肌肉指的是他的本能的反应,或者说是直觉反应,例如看到杯子就拿,这就是心智肌肉。

有时候,我们发现一个孩子在某些行为上特别像爸爸或妈妈,我们通常会认为这是遗传造成的,但实际上这是由于儿童吸收了父母的特质。儿童的生活习惯、兴趣爱好、人格审美、行为举止都来自于对家庭成员的吸收。

儿童的这种吸收性心智,一方面是因为没有头脑意识层的过滤,另一方面也是因为大自然赋予的强大的神经发育的可塑性及学习力。年龄越小,神经系统还正在建构期,吸收得越深入越无意识。

0~3岁的儿童身上呈现出更多的是他们的生物属性,依靠着生物的本能学习。他们用惊人的速度学习说话,并且大量记忆从环境中得到的一切。

4~6岁,儿童逐渐开始处理越来越多的之前吸收来的素材,将那些无意识所吸收的东西逐渐地梳理,意识也慢慢地建立和苏醒。他们会以各种游戏、重复性的活动,再次探究他经无意识吸收的事物或者是印象。他们动用双手、积累经验、建构思维与反应,一点一滴地建构心智。记忆力、理解力和思考能力增强了,动作协调了,意志力也建立起来,于是,可以被自己支配的有意识的心智逐渐地形成。

6岁以后,吸收性心智会被其他的心智所取代,也就是我们所说的理性。成人的理性心智是由孩子开始发展而来。

四、吸收性心智对早教的启示

1. 吸收性心智告诉我们

(1) 年龄越小的儿童,无意识的学习力越强;

(2) 儿童的吸收性心智使得他们在不知不觉中吸收到大量的信息,儿童的无意识、无选择的吸收能力,是儿童取得惊人发展的原因所在;

(3) 儿童的学习过程是先吸收后,再慢慢处理消化。

2. 吸收性心智理论对于教育的意义

(1) 儿童所处的环境具有重大的教育意义,儿童使用吸收性心智期间所处的环境,对他们的一生都会产生重大影响,其丰富与匮乏是人的发展的不公平的根源;

(2) 成人自身也是环境的一部分;

（3）口授式教育对幼小的儿童作用不大。

第三节 敏感期

一、认识敏感期

敏感期这个名称是荷兰生物学家佛理发现并命名的。他在实验室做了一个黑盒子，把毛毛虫放在里面。在盒子的一端开一个洞，让光线透进去。他发现，刚孵化出几天之内的毛毛虫，会朝向光的方向移动。如果把光线遮掉，毛毛虫就停止不动。而当毛毛虫长到一定程度之后，又开始怕光了，会逃避光线。这趋光和避光对于毛毛虫来说，究竟有什么意义呢？

他来到自然界中观察，看到蝴蝶为了卵的安全，会把卵产在树干与树枝的交接处。而当幼虫孵化出来后，它只能吃得动嫩叶子。而嫩叶子在树的什么部位呢？对啊，嫩叶在树梢上。可是，那幼虫怎么就知道从树干爬到树梢呢？它又没有妈妈带着，也没有老师教，怎么会知道树梢上有美味呢？现在我们再来想想，那个趋光性的问题。对光敏感的幼虫，在树杈处朝着有光的地方爬过去，会爬向哪里呢？对了，顺着树枝爬向光亮的天空，就会爬到树梢。这就是幼虫对光敏感的重要意义。而当幼虫的个头长大些后，趋光性不仅消失，甚至还逃避光线，那是因为它们已经不需要再吃嫩叶，而是需要在阴暗的叶子稠密的地方，去吃更大更多的叶子，来满足自己的大胃口。再之后，它开始为自己造茧并居住在里面，什么都不吃，等待化蝶的那一刻。

因此佛理创造出敏感期这个词。指一个生物出生后，在成长的特定时期中所获得的一种特别的感觉力。

二、儿童的敏感期

蒙特梭利和其他的心理学家发现敏感期在人类的儿童身上也非常明显，蒙特梭利在著作中说："一些心理学家对孩子从出生直到大学的成长进行了研究追踪。他们发现，在他们的发展过程中，有一些相当不同的，且各具特色的阶段，它们不可思议地与生理发展阶段相响应。他们的这种阶段性变化令有些心理学家夸张地说——成长是一连串的出生。"

蒙特梭利观察到，儿童在某一时期会对某些事物特别感兴趣。会对相关活动一遍又一遍地重复却不会感到厌倦。蒙特梭利抓住了这一重要的成长现象，并更深入地发展出敏感期的理论。

科学家们使用的另一个词——关键期，和敏感期是近似的概念。大脑发展的关键期概念是英国学者戴维·休伯尔等人在20世纪60年代提出来的。他们做了些比较残忍的动物实验研究:将出生后的小猫用外科手术缝上眼皮，几个月后打开，发现小猫失明了。实验发现，早期剥夺了视觉经验的动物在视皮层上的结构也有异于正常的动物。休伯尔等人由此提出了一个视觉机能发展的关键期的概念。

脑科学专家对"关键期"做了大量研究，证明了脑的不同功能的发展有不同的关键期，某些能力在大脑发展的某一敏感时期最容易获得。

敏感期的存在，很明显也是由大自然设计的，是生物生存的需要。对昆虫而言，对光的敏感性在达成生存目的后就消失了。那么从生存的角度怎么看待人类儿童的敏感期呢?

首先，儿童来到这个世界上，需要了解和学习的事情实在太多太多，从哪儿学起呢?他的精力和能量务必要投注和集中在一点。亿万年的进化，使得基因中设计出了一个精密的进度表，敏感期就是儿童按照这个进度表，受内在生命力的驱使，在某段时间，只对某类事物和活动敏感，产生尝试和学习的狂热，不断重复实践的过程。

蒙特梭利认为:"正是这种敏感期，使儿童用一种特有的强烈程度去接触外部世界。在这时期，他们对每样事情都易学会，对一切充满了活力和激情。"

敏感期，就是外显的成长规律。作为教师和家长，了解儿童成长的敏感期，是把握儿童成长规律的捷径。儿童在敏感期中具有强大的动力，不需要催促、不需要教导，他会像科学家一样执着和专注。我们会在婴幼儿处于某种敏感期的时候，看到他们废寝忘食、投入专一这些优秀品质。

如果在敏感期内，他的需求被满足，他的智能的某一部分便得以建构，同时他也尝到了自我实现的满足感和价值感。而当他在敏感期内遭受到障碍时，我们也能看到他的坚守和抗争的勇气，所有这些品质，都是我们常常提到的素质教育中"素质"中的内容。其实，婴幼儿与生俱来就有这些素质，只是，我们有没有在他们的生命早期给予这些素质持续建构并积淀下来的机会。

我们再回忆一下精神胚胎的概念。智能与精神的发展，也是围绕着一个敏感点产生的，有很多的潜在特质汇聚，累积到一定程度时，就出现了许多敏感点，其强烈程度是人们所无法想象的。例如,说话、走路、空间感建立等能力、情感的发展等都是如此,它们吸引孩子朝向某类活动。当器官形成、神经联结清晰建立之后,那种敏感性就消失了。一个神秘的力量引导着孩子的身体各部位的器官逐渐成熟、联结、完善,实体化的工作渐渐完成。

三、敏感期的特性

1. 无意识性
敏感期是一种无意识状态。是儿童不自觉的、不能自主的,也是成人干涉不了的。

2. 普遍性
民族、地域等外在因素对敏感期的影响很小,全世界的婴幼儿的发展敏感期都是类似的,有着同样的规律和现象。

3. 暂时性
每个敏感期出现一段时间后,会逐渐衰退以及逐渐地消失。它存在的周期可能是几个月、几年。一旦消失以后就不会再回来了。

4. 聚焦性
幼儿在某个敏感期内只对某些东西特别感兴趣,就像舞台的聚光灯一样只照在一件事物上,对其他视而不见。过了这个时期,又会对另一个事物感兴趣,之前感兴趣的可能又变为视而不见的。

6. 快乐性
敏感期内的幼儿,看起来非常投入和执着,不停地操作和重复,但不觉得疲惫、枯燥,反而从中获得满足、快乐。

7. 高效性
由于是携带着巨大的自发热情,所以敏感期内的学习是主动、积极的,效果一定是事半功倍的。

8. 连续性
在某一敏感期消失后,另一个敏感期会取而代之。尤其是在 6 岁以前,幼儿在密集地发展心理机制,一个接着一个敏感期是儿童心智迅速发展的外在表现形式。

9. 遗憾性
敏感期的心理需求若没有得到满足,日后会造成发展的缺陷或心理的偏差,或是造成行为的偏差。敏感期代表着幼儿的某种智能及情感发展的需求,并携带着巨大的无意识的动力,所以如果儿童在敏感期遭遇到阻碍,他的智能发展、情感发展、精神建构都将受到干扰。

10. 重合性

可能有两种或三种的敏感期会重叠在同一个年龄层,只是高峰期的重叠不会在一起。有的是刚开始,有的则是刚要结束。比如说孩子6个月是孩子秩序感的敏感期,同时也是探索、声音等的敏感期。

四、儿童成长的敏感期

对儿童的成长存在一个又一个的敏感期的认可,是蒙特梭利教育内容和形式的基础。正因为我们相信儿童有内在的进度表,并且相信他们会根据这个进度表自发地选择自己的注意力聚焦的地方,我们为什么要为孩子们创造一个丰富的环境,并给予他们选择的自由,就一目了然了。

1. 儿童的七大敏感期

玛丽亚·蒙特梭利生前通过对儿童的观察和研究,在前人理论的基础上,列出了儿童的七大敏感期(如下表)。

序号	年龄	敏感期
1	0~4.5岁	感官的敏感期
2	0~6岁	语言的敏感期
3	4~4.5岁	数数字的敏感期
4	0~4岁	秩序的敏感期
5	1~4.5岁	动作的敏感期
6	1.5~2.5岁	细微东西的敏感期
7	2.5~6岁以上	社交的敏感期

中国著名的蒙特梭利教育研究和实践者孙瑞雪则在她的学校对孩子进行了多年观察后,总结出了更为细致、具体而且系统的儿童敏感期的理论与现象。她的著作《捕捉儿童敏感期》以及与中央电视台共同摄制的纪录片,生动地阐释和列举了6岁之前儿童的种

种敏感期的表现,以及其背后的心理机制。这些理念帮助了众多的家长和教育者读懂孩子。

【相关链接】

儿童成长的敏感期
——孙瑞雪教育机构整理

0~2岁:口、手、走、视觉、空间、爬、移动事物、细小事物;

2.5岁:咬人、打人、说不、空间智能、攀爬、跳、模仿、旋转、玩水、玩沙、秩序、语言模仿、探索、审美;

2.5~3岁:建立概念、自我意识产生;

3~4岁:执拗、追求完美、垒高、色彩、语言、剪、贴、涂、蔽、占有欲、逻辑思维——"打破沙锅问到底";

4~5岁:出生、情感、社交、人际关系、婚姻、审美、数学概念、绘画、认字、音乐、性别;

5~6岁:书写、数学逻辑、合作、动植物、阅读、实验、规则、收集、对社会感兴趣;

螺旋状敏感期:绘画、音乐、语言、审美、对空间的认识、人际关系、秩序、独立。

2. 父母的本能

有人说,以前的人不懂敏感期,一样培育出优秀的后代。我们需要看到的是,过去母亲本能地协助孩子在敏感期发展,过去的孩子拥有更自由和自然的生活环境。而今天的社会环境尤其是城市里,孩子们被越来越多地束缚,由于工业化、信息化时代的社会节奏及压力,也使许多自然所赋予父母的本能受到压抑甚至消失了。父母感受不到孩子的需要和发展进程,一心追赶着外在的社会标准,以为自己是为孩子好,却因不懂得孩子、体谅不了孩子而伤害了孩子。

所以,今天的成年人,尤其是父母需要在意识层面上进行学习,通过对儿童的了解而重新成为能够帮助到儿童的成人。

思考与整理:

1. 敏感期理论告诉我们什么?
2. 敏感期理论对于教育的意义是什么?
3. 当你了解了"精神胚胎"、"吸收性心智"、"敏感期"的理论之后,你怎么看待儿童?你认为应怎样做一个幼儿教师?

【课外阅读】

从新生儿开始，理解儿童
——摘自《发现孩子》

有人认为，文明是人类逐渐适应生存环境的一种方法。如果这个说法是正确的，还有谁比刚出生的婴儿所感觉的环境变化更强烈、更突然？当我们要瞬间适应环境时，会感到很难适应，而新生儿诞生时则必须承受比之更糟糕的局面，因为新生儿基本上是从一个世界降临到了另一个世界。因此，我们不禁要问，我们究竟为新生儿的诞生做了些什么样的准备工作呢？

在人类文明史上，应该专门写一页前言，来详细记载大人用什么样的方法来帮助新生儿适应他所降临的新环境。这一页前言目前还不存在，因为人类生命开始的第一页仍然是一页空白，直到目前为止，还没有人试着去了解一个新生命的迫切需要。

我们从以往的经验中已发现了一项可怕的事实，那就是婴儿期所遭遇到的负面经历，将会影响其未来一生的发展。胎儿在母体内发育的阶段，和他出生后的儿童期的成长变化，都对孩子的未来发展具有决定性的、关键性的影响。世界各地的专家学者也齐声呼吁，胚胎期和儿童期的成长过程，不但对他成人之后的健康状况有所影响，而且对整个人类未来的延续也扮演着举足轻重的角色。迄今为止，人们只认为生产——这一人类整个生命过程中最艰难的一刻对产妇来讲是危险的时刻，却没有人领悟出它对新生儿来说也是一道难关。

为什么说生产对新生儿也是一个难关呢？因为经由生产，新生儿彻彻底底地脱离了之前赖以为生的母体保护。与母体分开的新生儿，必须马上靠自己尚未发育完全的器官来维持生命。在还没有出生以前，新生儿是靠母体内特别为胎儿设置的温暖羊水在生长，是母体保护着胎儿，不让胎儿受到丝毫躁动和温差的影响，连一丝丝微弱的光线、一点点轻柔的声音，都被母体隔离在外，不让胎儿受到干扰。

然而，随着生产的过程，新生儿被从母体温暖的羊水里排到空气中来求生存。原本在妈妈肚子里安详地静养着的胎儿，却要在没有任何适应期的情况下，被迫经历一场精疲力尽的生产工作。新生儿那瘦弱的身躯就像被两块重石挤压一样，最终新生儿只得带着伤降临到我们怀里，像一位长途跋涉的朝圣者。我们为使新生儿顺利降临到我们身边又做了些什么来帮助他呢？我们是用什么方式来迎接他的到来的呢？在生产的时候，几乎所有的注意力全部放在妈妈身上，新生儿只是被粗略检查了一下，确定他可以健康存活就算大功告成了。刚当上爸爸妈妈的父母亲，充满喜悦地看着他们的孩子，大人的自我，正是经由这个完美婴孩的诞生而获得满足。因为孩子的到来，实现了他们期待已久的一种渴望——他们拥有了一个孩子。这个孩子的诞生，将会使他们的家庭紧密交融在一种爱的感觉里。

但是，当生完孩子的妈妈，在幽静的房间里安详放松休息的同时，有谁想起来，是否也应该让同样饱尝疲累的新生儿，也在微暗的房间里安静休息，以让他能慢慢适应新环境呢？遗憾的是，没有什么人认为新生儿受过艰苦的磨难。新生儿那从未曾被触摸过的小小身躯，是那么的敏感，但是没有人会为珍惜他而好好呵护他，也没有人去试图理解新生儿对每一个新触觉和对其身体里的无数自然现象所作的敏感反应。

有人说，自然界自会在必要的时候，给予它的子民所需要的援助。然而，如果文明已经为人类创造了能够超越自然、控制自然的"第二天性"，那么，当我们观察其他动物的自然发展时，大概会觉得兴趣盎然。如果我们仔细观察动物的习性，可以看到母兽会将它的孩子藏起来，让它们避开光线一阵子，还会用它的身体给小幼兽保暖。母兽还会非常警觉地保护它的孩子，不让其他动物跨越雷池一步，更不会让它的孩子被其他动物触碰，甚至连被看一下都不准。

反过来看看人类的新生儿吧！不论是自然环境或是文明，都不曾为他适应环境而减轻负担。甚至有人说，孩子能活下来就已经足够，由此可见，他们判断孩子适应环境的标准也就是孩子能不能平安地活着。本来应该继续让刚出生的新生儿维持在妈妈肚子里的姿势的，可现实情况却是，新生儿常常一落地，马上就被穿上衣服，甚至有一段时间还被包得紧紧的，使他们柔弱的四肢遭受着强力的限制。

有一种说法："健康的孩子完全具有抵抗力，他们能适应环境，自然界的万物不都是如此？"如果人类真有如此强壮的话，他为什么不干脆自在地住在树林子里呢？他干吗还要在冬天拼命保暖，全身裹阕柔软的毛毯坐在安乐椅上，享受悠闲舒适的生活呢？难道我们比新生儿还要脆弱吗？

死亡，就像新生一样，也是一种自然现象，它是每个人必须经历的自然法则。既然死亡是一桩极其自然的事情，为什么我们没有去想尽办法以减轻死亡的恐惧？既然我们无法摆脱死亡的威胁，为什么我们还会想尽一切办法以尽量减轻死亡的痛苦？况且，我们从来未曾想一些办法去舒缓生产的痛苦呢！

总而言之，人的内心有一种说不出道理的无知，一种已深入个人精神和整体文明的盲目。就像视觉上的盲点一样，人们对新生儿的盲目无知，正是人类对生命的一个盲点。

我们必须彻底了解新生儿的特质，只有这样，他们才能从一生下来就得到完好的照料，也才能够安稳地跨出生命中的第一步。照顾新生儿一定要具备相当的知识，并且应以新生儿自身的需要为主。就算只是抱一抱孩子，也一定要非常温柔谨慎地对待他。除非能够做到轻柔地对待他,否则新生儿最好不要被随便移动。我们必须明白,孩子刚生下来的时候,甚至在他还没有满月之前,都需要一个安静的成长环境。这段时间最好不要帮孩子穿衣服,也不需要用包裹把他包起来,只需让孩子在室温下做到保暖就可以了。因为婴儿这时候的体温还不大能够随着温度的变化来自行调节,所以穿衣服对新生儿来说并没有太大的实质性帮助。

我的这个论点也受到一些非议,因为有的妇女会说我忽视了每个国家存在不同的传统育婴方式。对于这项指控,我只能说各种不同的育婴方法我都有所涉猎。正因为我曾经在许多国家做过研究,深入观察过各种不同的育婴方式,才发现了这些方式在某些方面的缺失。容我再说明一次,这些育婴方式真正欠缺的,是一种心理意识上的醒悟,即在我们迎接新生儿的来临前,绝对需要花时间做好一切准备。

事实的真相是,不论在哪一个地方或是哪一个国家,儿童都未被彻底了解。从孩子出生的那一刻起,大人的潜意识里就充满了不安。成人对自己所拥有的东西总是想要极力保护,即使有些东西实在没有多大价值。他们害怕孩子的来临将会打乱平常的生活秩序,房子也会被孩子破坏或弄脏。也许正是因为有这种心态,所以我们照顾孩子的方式,不外乎就是急急忙忙地跟在孩子后头,随时准备拯救那些可能会被他破坏的东西。他们有时甚至想逃离一阵,以保持心境的平和。大人在采取这些行动的同时,他们在使孩子成为一个有教养的小孩的努力中,也抑制了孩子所特有的那种"随心所欲"的性情。

有时候,我们会把孩子随心所欲的特性,误认为是任性的表现。其实孩子一点也不任性,只不过是因为我们对孩子的了解还不够罢了。我们常常因为不够了解孩子的性情,而在教养上犯下一些错误。举例来说,孩子从一岁开始,特别是在两岁的时候就有一种倾向,希望看到东西都摆在他所熟悉的位置上,且对每一样东西都有特定的使用方法。如果有人打破孩子这种习以为常的生活秩序,他会感到非常不高兴,觉得沮丧,他甚至会想办法把东西物归原处,以安抚自己的心情。即使是年纪非常小的孩子,也有物归原位的要求。我们的学校里就曾经发现过类似的情况。有一次,一个孩子站在那儿低头看着地上的散沙。他妈妈看见了,就随手把沙子撒掉了。没想到孩子竟然当场哭了起来,只见他急忙把散落的沙子集中起来,捧回原处。直到这时妈妈才明白孩子为什么会突然哭了。

另一个孩子的妈妈讲述了这样一件事。有一天,因为觉得天气挺暖和,就把外套脱了下来挽在手上,孩子因此开始哭闹。没有人知道孩子为什么如此伤心,直到妈妈把外套再穿上以后,孩子才安静下来。到这时大家才恍然大悟。

以上例子表明,影响孩子情绪的主要原因,很多是孩子看到物品放在了不熟悉的位置上。大人可能认为,这样的孩子应该受罚,因为只有处罚才能纠正孩子的缺点。事实上,如果有些现象在孩子长大以后就能自然消失的话,那现在纠正孩子便显得多此一举。成人当然不会因为有位妇女脱下外套,就在大庭广众之下嚎哭。大人往往不了解孩子一些行为的真正意思,就认为这些行为显出孩子不乖。我们应该明白,孩子现在的某些缺点,长大了以后会自然消失,我们对他的许多纠正措施是多此一举。当我们理解了孩子为什么会表现出这些"缺点",就会接受和继续爱这个有许多小"毛病"的孩子,因为我们知道有一天他终将成为一个守礼、明理的大人。

再举最后一个例子:我认识一个两岁的孩子,他的保姆每次都在同一个浴缸、用同样的方式帮他洗澡。当这个保姆有事必须离开一阵子,另一个保姆就来代替她照顾孩子。但是每次新保姆一帮孩子洗澡,孩子就开始哭,新保姆也搞不清楚到底是什么原因。一直到原来的保姆回来后问孩子:"你为什么每次洗澡都哭呢?新保姆人不是很好吗?"孩子回答她说:"新保姆对我很好啊,只是她每次洗澡都倒着来。"原来以前的保姆都是先帮这个孩子洗头,但是新保姆是先从脚开始洗起。洗澡的选择次序对这个孩子来说,是生活规律中的一部分,为此他才会尽力加以防卫。然而孩子对规律性的趋向,却往往被大人视为不乖。

心理胚胎(精神胚胎)

——摘自《发现孩子》

新生儿应当被视为"心理胚胎"来看待,它是一种为了降临到这个世界上而包藏在肉体中的精神。

组成这个活生生个体的是组织和器官,这些都可以用科学仪器测量出来,但是,我们所称的精神却无从查证。

新生儿降生以后,有很长一段时间都无法自主,也没有能力做任何事情,就像一个虚弱或瘫痪的病人一样,需要别人的照顾。除了哭声或叫喊声以外,新生儿大部分时间都默而不语。往往当他一哭,我们就会直冲到他身边,好像有人需要我们帮助时一样。一直要到很长一段时间之后,大概是好几个月,甚至一年以后,新生儿才不那么娇弱,也比较像个孩子了。

成长是一个神奇的过程。在成长的过程中,有一种内在的能量在启动新生儿原本能够自主的身体。这个能量一启动,新生儿的手脚便开始运动起来,他也开始学说话了。自此,新生儿不只具备了行动的能力,也有了表达思想意见的能力,这便是人的内化过程。

和其他动物相比,人类的婴儿在出生以后,有很长一段时间需要别人的照顾。从现实状况来看,这对新生儿的成长具有非常重要的意义。怎么说呢?其他动物不管出生时多么脆弱,几乎都得马上或在非常短的时间之内靠自己活下去。它们须马上会走,甚至得跟在妈妈后面跑,还要学会与同类动物的沟通方式。例如,小猫得学会喵喵叫,小绵羊也要懂得咩咩叫。虽然发出的声音很微弱,我们还是可以听见它们不断发出的嘶鸣声。动物的成长准备期很短又极简单,可以说,一生下来,其本能就已决定了它们的行为。好比顽皮的小老虎从出生的那一刻起,就已经会自己站立,在出生后的短短的时间之内,就已经能灵敏地钻来动去。

每一种降临到这个世界上的动物,它不光只是具有外在的形体,还具有天生的潜在本能。所有的本能都是在动作中显现的,它们代表了不同物种的个别特征。有人认为,动物的特征是通过它们的行为而非外表归纳出来的。因此,动物身上拥有的那些植物所没有的特性,便可以统称为心理上的精神特质。连动物的心理精神特质在出生时都很明显,怎么可以说人类新生儿没有同样的天赋呢?有一项科学理论认为,动物现在的行为表现是经过一连串物种繁衍的经验累积而来的,难道人类的特征不也是如此吗?

人的制造过程缓慢又耗时。人类发展一直都要经历一个费时的内在建设过程,就像一件艺术品在呈现给大众之前,艺术家必须先在他幽静的工作室里进行一番精雕细琢一样。

人格的形成是一个看不见的过程,而无助的婴儿对我们来说更是一个谜。我们只知道婴儿将来会有无限的发展可能,但无从得知他会成为什么样的人、有什么样的成就。

在婴儿柔弱无助的身体里,有着比其他动物更为复杂的独特机制。人是独立的个体,每个人所具有的独特意志使他完成具体的转化工作,并使自己向前迈进。音乐家、歌手、艺术家、运动员、专制君王、英雄、罪犯、圣人——都是经由同样的方式被生下来,但是他们每个人都带着各自的发展之谜来到这个世界,正是个性的发展激发着每一个人去做不一样的事。

虽然大多数孩子都能顺利度过这段无助的婴儿期,但这些影响会深埋在他们的无意识底层,对孩子日后的日常生活会产生严重的心理后果。那些认为婴儿不只在行动上被动,其心智也空洞的假设,实在是大错特错。还有人认为,孩子在婴儿期过后之所以会神奇发展,完全是因为大人的悉心照顾和认真养育,这样的假设也同样是错误的。这类假设更会让爸爸妈妈产生一种责任感,以为自己就是启发孩子内在生活的力量,因此他们会把教导孩子视为就像在完成一件物品那样。为了发展孩子的智慧、敏锐感和意志力,他们会不停地提出建议、发出指令,大人赋予了自己近乎神圣的力量,并深信自己在孩子生命中的地位,就像圣经里所描述的上帝一样:"上帝依照他的形象创造了人类。"

骄傲是人类的恶行,大人将自己神化后所形成的自我膨胀,让孩子承受了许多苦难。孩子确实很小就能展现出自己的发展趋向和相当的心智天赋,他总有一天会尝试着展现出他的能力。这时候如果大人受到自我膨胀的影响,不合时宜地加以干预,可能就会抵消孩子的努力,挫伤他们的自我实现。大人的行为极有可能给孩子原本具有的天赋带来负面影响,这也许就是造成人类在传承中失败的原因。

一个在孩子身上隐藏的心灵,正一点一点地让被动的躯体活跃起来,唤醒孩子的意志力,开启孩子的意识。然而在现实环境中,却有另一股巨大的力量正向他袭来,且最终驾驭了他。

就这样,作为精神胚胎的孩子,只得靠自己的力量,在他所处的环境里求生存。正如生理胚胎一样,精神胚胎也需要外在环境的保护,它需要爱的温暖,需要尊重它的存在,需要一个能完全接受它、不会阻碍它的环境。

一旦了解了这些以后,大人必须改变对待孩子的态度。孩子是以精神胚胎的形象呈现在我们眼前的,它赋予我们新的责任。那个柔顺、优雅的小东西,那个受我们喜爱、被我们用过多的物质包围,就像我们的玩具的婴孩,必将唤起我们心中对他的崇拜。

在人的具体转化过程中,必须面对很多内在挑战。要理解尚未存在的意志,几乎是不可能的,但它最终为了激励及锻炼被动的身躯,必然会加以控制。从这一刻起,婴儿娇弱的生命霎时绽放了开来,婴儿开始有了意识,开始对周遭的环境感兴趣。我们必须对孩子的努力给予同情,因为这段时间是孩子人格发展定型的关键期。这个责任是如此重大,我们应该借助科学方法,试着去了解孩子的心理需要,并准备一个符合孩子需要的生长环境。

19世纪的科学家曾认为,在人的胚胎细胞中有一个具体而微的"迷你小人",然后逐渐长大,一如其他哺乳动物。他们甚至还为这一"迷你小人"到底是来自男人或女人展开了争论。直到显微镜的发明,才使这方面的进一步研究成为可能。他们最后只得非常不情愿地接受这个结论:原来胚胎内并不存在任何先天的人的雏形。正是受精卵一分为二,由二变成四,就这样不断地繁增,形成了胚胎。胚胎学的研究截至目前的发现是:如同一个人要建造一栋房屋必先累积许多砖块一样,当细胞分裂累积到一定数目时,就开始筑成墙,然后在墙内开始构筑器官。

这种器官建构的方式十分特别。它先开始于一个细胞、一个点,然后环绕这个点的细胞开始狂热、加速地分裂,当这种狂热活动停止时,器官就产生了。发现这种现象的人解释说:器官发生的地区涵盖有许多敏感点。器官原先各自独立发展,好像每个器官只是为着自己的目的。在它们密集活动时,围绕着一个中心,显得十分团结,好像充满着理想。它们不断地改变,与周围其他的细胞愈来愈不相同,呈现出预定要形成器官的样式。当不同的器官各自独立地完成时,就出现一种力量使它们相互关联、结合在一起,彼此互相依存,缺一不可。

婴儿就是在这个时候诞生的。首先是循环系统联系全身的器官,然后是神经系统完成整个联结。在这里所有显赫的建构计划都立基于一个点上,由该点出发完成一个一个的创造工作,一旦器官不断建构完成,它们必然紧密结合在一起,显出一个独立的生命体。所有高等动物都遵循这一计划建构,自然界中只有这样的一种建构计划。

人类的心灵似乎循着相同的路径发展。它也是从"无"开始的,在新生儿的内部,即其心理层面,并没有任何现成的东西,心灵的器官也是围绕着一个敏感点产生的,在此之前也是不断地搜集资料,经由吸收性心智完成。当它们累积到一定程度,就出现了许多敏感点,其强烈程度是人们所无法想象的。例如说话、用双脚走路、判断远近、辨认方向以及其他协调运动等能力都是如此,它们相当明显地吸引孩子朝向某类活动。当该器官形成之后,那种敏感性也就消失了;当所有的器官齐备,它们就结合起来成为心灵的实体。

许多动物早期的胚胎好像都很类似,不论是人、兔子或蜥蜴。脊椎动物的成型都经过类似的历程。但当胚胎的发育完成时,其间的差别就很大了。

出生时每个孩子都是相似的,不论将来成为什么样的人,是天才或苦力、圣贤或罪犯,都要经历同样的发展过程。因此,生命头几年的教育是相似的。

1930年,美国费城的学者在生物学的研究中,发现大脑中的视觉神经中心的形成远在眼球形成之前。由此得出的结论是,在动物中,心理的形式先于生理的形式。每种动物的本能自然的习性早在表达它的器官形成以前就已存在了。如果心理部分事先就存在了,就意味着生理部分是自动完成自己的建构,使自己符合心理需求、符合其本能。

在牛的身上我们可以发现这个例子。牛是一种强壮、结实的动物。在世界地质学史上,也可以追溯它的演进过程。当地球覆盖着植物时,它就出现在了地球上。有人会问,为什么牛会选择难消化的青草作食物,并为此发展出四个胃来呢?如果只是为了生存问题,它吃别的东西可能更容易,因为其数量也更多。但数千年过去了,牛依然只吃草。经过仔细观察,可以看见,牛是在靠近草的根部将草咬断,并未连根拔起,好像它们知道青草需要这样修剪才能使地下茎长得好,否则很快就要开花、结籽、枯死。后来人们又发现,青草对植被也有相当的重要性,因为它能防止水土流失,不仅稳固、保护土壤,而且使土壤肥沃,使其适合植物生长。这就显示了青草在自然秩序中的重要性。除了啃咬之外,有两件工作对青草的维护也很重要,一是施肥,一是带着重量的滚或压,有哪一种农业机器能将这三种工作做得比牛更好?所以牛的行为似乎是为着自然的目的而设计,正如乌鸦与秃鹰是为另一方面的服务设计的,它们是自然界的清道夫。

从无数个动物选择食物的例子所得出的结论应该是:动物不仅是为满足它们自己而吃,还是为着完成一个使命;不论生物或无生物,借着所有成员的合作,共同为了整个大自然的和谐。有一些生物吃得相当不规律,也不仅是为维系生命而吃。它们不是为活着而吃,而它们活着却是为了"吃"。例如蚯蚓,它每天吃大量的泥土,几乎是其身体容量的

200倍。达尔文第一个提到，如果没有蚯蚓，地球可能没有这样肥沃。蜜蜂传播花粉是另一个熟悉的例子。我们从行为主义来看，动物牺牲自己为其他生命的生存而效力，不仅是为自己的生存而已。类似的情境在海洋中也可以发现，有些单细胞生物的功能好像过滤器，除去水里的某些有毒盐分，为达成此种功能，它们要喝巨量的水。动物的生计与地球生态的关系，动物本身并不知道，但更高层次的生命、地球的表土、空气与水的净化皆有赖于它。

从这里可以清楚地看见，似乎有个既定的计划存在，动物的器官就是为完成此计划，生命的目的就是为服从这"隐藏的命令"，它使一切造物和谐并创造一个更美好的世界。

吸收性心智
——摘自《发现孩子》

孩子刚出生时，肉体几乎是瘫痪的，他不能做任何事。过一阵后孩子开始说话、走路，经过一关一关地克服，他最终凭着自己的力量与智慧将自己建造成为"人"。孩子内在的巨大力量吸引着我去研究，也吸引了许多其他科学家的注意。这种力量原本隐藏在妈妈的庇护下，而这些以往人们还以为孩子说话、走路都是妈妈教的。其实不是妈妈教的，而是孩子自然然学会的。

妈妈生产出的不过是一个小婴儿，正是这个小婴儿将自己建构成为了"人"。即使孩子的"母语"也未必是从妈妈那儿学来的，因为孩子可能出生在国外，他已能讲一口流利的当地话，而他的爸妈可能还没他讲得地道呢。所以他那口流畅的语言不是遗传，既不是因为父亲，也不是由于母亲，而是孩子自己利用环境中的一切资源，来塑造他的未来。

一些心理学家对孩子从出生直到大学的成长进行了研究追踪。他们发现，在他们的发展过程中，有一些相当不同的且各具特色的阶段，它们不可思议地与生理发展阶段相响应。他们的这种阶段性变化令有些心理学家夸张地说："成长是一连串的出生。"

第一个时期大约是从出生到6岁左右，这中间或许有些变化，但他自始至终的心智形态是一样的。这一时期又可分为两个次阶段：0~3岁、4~6岁。其中前者的心智形态是成人无法介入的，但须以某种特别的方式。整个这个时期的特点是他们的变化很大，从柔弱无助的婴儿变成跑跑跳跳、能说会唱的孩子，到他们6岁时就成熟得可以入学了。当然他稍早一点入学也可以，不过要参考本书所提示的原则。但我们要强调的是，6岁是一个新纪元，它也与生理的变化相对应，例如这时他开始换乳牙了等。

从6岁到12岁这一阶段只是单纯地长大，没有很大的变化，其特点，一般而言是显得十分平静与柔顺。

第三个时期是从12岁到18岁,这又是一个大的转换期,包括生理与心理两方面都会发生很大变化。好像世界各国都有这种普遍的共识,即到了12岁就要换层次更高的学校,以符合他新的心智层次。在第三阶段,他的个性会变得很不稳定,相当叛逆且放荡不羁。但传统学校并不重视这些反应,只管照着课表上课,用体罚来惩治他的叛逆。到了18岁他们可能上大学了,课业是十分繁重了,但在方法上却没有太大差别,因为他们大半的时间都是在坐着听讲以获取学位,这种灌输究竟能否学以致用实在令人怀疑。到这一阶段他们的生理虽已达到成熟,但由于他们只是从事着当年的研读、听讲,因而无法形成一个具有独立判断与自由意志的成人。事实上,只有实际的工作与经验才能帮助他们真正成熟。当你在纽约的街头看到知识分子游行,高举着口号"我们没有工作,我们正饿肚子"时,你应觉得这是对社会的一种控诉,虽然社会已为他们的教育投资了许多。

许多爱思考的人常常在想:为何拥有最崇高智慧的人,需要有如此漫长且艰辛的婴幼儿期,而其他动物却不需要。还有许多人不禁要问婴儿期到底是怎么回事?他们觉得这里面似乎有无穷的奥秘。这的确是一个心灵创造的工作,一切由零开始。对人类来说,这不仅仅是一个发展的问题,而是一个从无到有的创造问题。幼儿的心智与成人大不相同,他靠自己的天生禀赋创造出高品质的成就。他不仅创造了语言,更创造了说话的器官,他也创造了各种各样的身体动作,及各种表达智慧的方式。

这并不是在受有意识的"意志"所主宰,而是由潜意识的心智来完成的。它是一种不可思议的智慧,孩子那奇妙的创造工作就是借这种潜意识心智完成的。我们发现,在某种时候,环境中的某些方面会引起孩子强烈的兴趣,它表现出一种穿透整个生命的热诚,这就是一种潜意识的力量。

如要进一步了解心灵是怎样建构的,我们就应研究产前及胚胎的生活。最近生物学的研究有一种新的趋势,以往研究动物或植物,采样大都来自成熟的个体,在社会学中研究人类也是如此。科学家现今试图采取相反的方向来研究人类或其他生物,即针对幼小或原初的生命来取样。为此,胚胎学逐渐受到重视,它是研究受精卵的生命来自两个成人细胞结合的后果的科学。孩子的生命始于成人,也终于成人,这就是生命的历程。

父母所做出的牺牲十分自然,他们是愈奉献愈快乐。生命的本性就是如此。法国大生物学家法布尔在总结物种之所以延续时提出,这不仅是因为它们有天赋的自卫武器,更由于有一种伟大的母性本能。在低等动物保护幼小一代时所显出的智慧就证明了这一论断。

当我们研究人类并与其他动物比较时,发现有许多不同。所有动物中只有"人"最能适应各种天气,热带丛林、沙漠、极地,只有"人"可自由地去他所喜欢的地方。人也能从事最多样化的运动,而且能用双手做事。人类有最多种的语言,他能走、能跑、能跳、能爬、能像鱼一样游泳,能从事富有美感的运动,如舞蹈等。然而,在人出生的时候,没有一样能力看得见,必须一项一项地在童年期学习。

孩子刚出生时不具有任何行为能力,借着练习学会了走路、跑步及像其他动物一样攀爬,但必须靠他自己的努力。这样孩子不仅获得所有人类的能力,远超过其他动物,而且调整自己去适应他所要面临的气候、生活环境以及文明社会愈来愈复杂的要求。这种适应性的工作,造物者只交付给儿童来完成,成人已不易适应。

成人似乎永远很难精通外国语腔调,即使该语言比他自己的母语简单得多了。成人可能喜欢某个环境,只能把它放在记忆里;而孩子却将它不知不觉地吸收了,孩子就是如此将所见、所闻融入,成为他的所有、成为他的一部分。

如果我们要改变一个国家的风俗习惯,或希望加强某一民族的某些性格,我们必须以孩子为突破口,从小孩开始。要改变一个民族或一个国家,变好也罢,变坏也罢,要提升文化,我们都必须仰赖孩子,他们才有无比的能力。

如果我们不了解敏感期及其发生的顺序,我们就不明白孩子的心灵是如何建构的。有人争辩说,以前的人不懂敏感期,一样培育出健壮的后代。但是要提醒的是,现今生活的时代,许多自然所赋予母亲的本能大量地受到压抑或消失了。过去母亲本能地协助孩子在敏感期发展,走到哪里就把孩子带到哪里,正好提供了孩子所需的环境,且用母爱保护他,但现今的妈妈已经失去这种本能,人性也趋向退化。所以研究母性的本能需要,与研究孩子自然发展的重要性一样,因为这两者是相辅相成的。

母亲必须回归自然。母爱也是一种大自然的力量,理应受到科学家的重视,他们应致力研究、协助母亲重拾她们失去已久的本能。我们必须教育母亲学会这种知识,让她们可以在孩子一出生就给予心灵的保护。交给受过训练的护士,那种护理尽管十分讲究卫生,但只是表面上满足了孩子生理上的需要,在这种照顾下的孩子,很可能死于精神困顿或心灵匮乏。

这样骇人听闻的事在荷兰的某一城市就发生过,有一个机构将一些失去父母的孩子安置在很完善的、科学管理的环境中,那里有相当营养的食物,且由受过最新观念训练的护士照顾。但不久还是引发了疾病,导致许多孩子死亡。庆幸的是,该机构的医生了解到他们缺乏某种重要的条件,并且立刻做了些补救。护士开始学着母亲对待孩子的方式,抱抱他们,与他们玩耍,才使那些孩子终又逐渐恢复笑容和健康。

我们承认,孩子一生下来就有听觉,令我们惊奇的是,环绕他的声音有千万种,为什么他单挑人的声音来模仿呢?因为人的语言在他的潜意识心智中留下了特殊印象,引发一种特殊的感情与热忱,使看不见的肌肉纤维产生共振,从而复制类似的声音,而其他的声音就无法引发这种行动。这是幼儿吸收语言的方式,它构成孩子心理人格的一部分,我们称它为"母语"。这是一种内在的心理作用所带来的化学变化。这种声音的刺激不仅进入孩子的心智,还能复制它将其变成自己的一部分。

我们把这种心智叫作"有吸收力的心灵"。

第四节 正常化与歧变

一、孩子的"问题"

在与孩子相处的过程中,家长和老师常常提出很多的疑问和困惑,并给某些孩子贴上"有问题"的标签。以下是我们常见的学前期孩子的"问题":

(1) 孩子爱告状或过度黏人;
(2) 孩子非常执拗,一定要按照他的想法做,家长总要跟他斗智斗勇;
(3) 孩子退缩、胆怯、没信心或爱批评、爱管人;
(4) 孩子很容易动怒,跟伙伴、同学常吵架打架;
(5) 一些孩子在幼儿园表现很好,但回到家却胡闹、爱哭、偏食、不收玩具;
(6) 孩子注意力不集中,不专注、不能坚持;
(7) 孩子没有礼貌,常让大人难堪甚至愤怒;
(8) 孩子有咬手指、尿频、尿床等习惯让大人担心;

……

究竟是什么造成了孩子的这些"问题"?蒙特梭利将大家的注意力引向了儿童的敏感期。她认为儿童的很多行为问题都源自于儿童在敏感期内没有被成人看到和理解,遭受到环境中的阻挠和干扰。她认为当儿童在敏感期里遇到障碍时,他们会有强烈的反应。任性、发脾气或者消极抵触,儿童的心理会出现紊乱,甚至变得乖戾,严重者会出现身体反应。

现代心理学的发展,再次证明了这一点,所有成年人的心理问题,都源自于他的童年。当生命成长的能量和动力没有起到推动建设的作用的话,就会向另一个方向发展,成为阻碍成长、扭曲成长的黑暗力量。水能载舟也能覆舟,既能利于万物,也可能会造成水患。

生命的能量和成长动力也如此。

蒙特梭利提出了两个词:"正常化"和"歧变"。她用这两个词来代表身心健康儿童的状态以及出现偏差了的孩子的状态。

二、什么是正常化

1. 人类的倾向

蒙特梭利认为人类为了适应所处的文化与环境,必须发展出某些特定的行为,才能够生存下去。这些特定的行为就是所谓"人类的倾向"。"人类的倾向"包括如下16项:

(1) 自我保护。

(2) 群居性。

(3) 沟通。

(4) 探索。

(5) 分类。

(6) 秩序。

(7) 创造性的想象力。

(8) 工作。

(9) 动作统合能力。

(10) 重复。

(11) 好奇。

(12) 推理和计算。

(13) 尽最大的努力。

(14) 专注。

(15) 自我控制或追求完美。

(16) 独立。

现在以一个三岁的孩子在蒙特梭利幼儿园的成长历程为例:

> 一个三岁的孩子来到幼儿园,在正常情况下,他会在幼儿园里经历上述所有的历程,最后发展成为一个"正常化"的幼儿。

当一个孩子刚刚来到幼儿园时,他可能会哭泣或不愿意离开家长——自我保护。

他开始观察幼儿园中的其他人都在做些什么,会逐渐被团体的活动吸引,或者和其他的成人与孩子在一起——群居性。

他可能会用动作或语言向老师和小朋友表达自己的意思——沟通。

他会尝试去了解幼儿园内的环境,参与一些活动,使用一些材料——探索。

他开始根据自己的爱好及兴趣去选择教具——分类。

他会逐渐分清楚环境中各处的作用,把教具放回原处,和其他幼儿轮流使用教具的意义——秩序。

在操作教具或进行艺术活动时,他会运用想象力创作出属于自己的作品——创造性的想象力。

他开始被一些活动吸引,认真、专注于其中,从中获得精神的满足——工作。

所有的生活自理、学习、运动、游戏,都要使用他的多方面能力的统合——动作统合能力。

他经常重复进行他喜爱的一项活动——重复。

他对新教具的新的使用方式感到好奇,对未知和新鲜的事物想要了解和探索——好奇。

随着年龄的逐渐增长,他从热衷于日常生活的练习发展到使用感官类教具,之后开始涉及数学领域——推理和计算。

他开始越来越多地使用比较有难度的教具,在比较复杂的工作中付出自己的意志力——尽最大的努力。

他在工作中专注的时间越来越长,专心致志的状态越来越常见越来越专注——专注。

在工作上的专注,使得他慢慢发展出积极的自我控制能力——自我控制或追求完美。

他自己选择判断、自己完成工作,自己决定与他人的合作——独立。

当儿童发展出这些人类的倾向时,他便成为了一个正常化的人。

2. 心理实验中的儿童

莱文(Levine)教授做了一项心理学实验。他的实验目的是,识别出现偏差的儿童和正常儿童对同一物体的不同反应。这两组儿童年龄相仿,来自于同样的背景。桌子上放满了许多不同的物体,包括一些我们设计出来供儿童运用的感官材料。这个实验被拍摄下来。

第一组儿童走进教室。他们对放在他们面前的各种物体很感兴趣,并被吸引住了。他们富有生气,他们的微笑表明:处于那么多不同的物体之中他们很高兴。每一个儿童拿起一件东西就开始工作。然后把它放在一边,又拿起别的东西干起来了,如此重复,从一项活动到另一项活动。

第二组儿童走进教室。他们慢慢地走着,停下来,并环顾四周。他们很少拿这些物体,只是聚集在它们周围,似乎懒散地站着。从这部电影的下半部开始的这种情况一直持续到结束。

这两组儿童中,哪一组是有偏差的,哪一组是正常的呢?

在前面的实验中,通常成人把做了一件又一件事的、活泼的和快乐的儿童看作是更聪明的人。但实际上,正常的儿童是用一种安静和镇定的方式到处走动的。在电影中,我们看到他们好长一段时间站着不动,沉思地注意着一件物体。他们以惊人的方式证明,安静和有分寸的活动,并伴随着认真的思考是正常儿童的标志。一个正常的儿童是有点新奇的,他缓慢和沉思,但他的动作受自我所控制,由理性所指导。这种儿童被他所看到的物体激发起来,但能掌握这些印象,不仅仅是对感官刺激的反应,而是在理性的指导下到处走动的能力,会导致精力集中,思想和活动固定在一个物体上。

有能力用一种审慎的和沉思的方式行动是一种有内在纪律的标志,表现为一种有条不紊的外部行为。

关于什么样的孩子是正常化的,蒙特梭利有这样的描述:

> 正常的儿童,是一个智慧的、已经学会克制自我、平静地生活以及愿意有秩序地工作而不愿无聊和无所事事的儿童。

一个"正常"儿童最显著的特征之一是他的自信和对行为有把握。

在圣洛伦佐"儿童之家"的小男孩告诉失望的参观者,虽然教师放假在家休息,但儿童们可以自己打开教室的门进行工作。这时,他表现了完美人格的平衡,这种人格并不是傲慢的,而是了解自己的潜力。这个男孩知道他正在做什么事,并完成行为的必需步骤,丝毫没有感到他做了任何特殊的事情。

一个小男孩正在用活动字母拼词,当意大利皇后站在他面前,要求他拼写"意大利万岁"时,他平静地把自己刚刚拼写的字母复原到适当的位置。出于对女皇的尊重,我们希望他暂停下这项工作,立即执行她的命令。但是,他无法放弃他习惯性的工作方式,在拼写新词之前,他必须把已经使用过的字母放回到它们应放的地方。之后,他就拼出了"意大利万岁"。虽然这个小家伙只有4岁,但实际上,在控制行为和情感以及对他环境的自信上,他已经是个"小大人"了。

3. 孙瑞雪机构整理出的正常化儿童的特征

(1) 平和、有独立见解又愿意接纳和顺应别人;

（2）伴随着思考的有分寸的活动；

（3）喜欢秩序，能自律，不易被打扰；

（4）喜爱工作，有自发的专注；

（5）乐于分享，乐于助人；

（6）有主动和积极解决问题的态度；

（7）超然于对物质的拥有；

（8）与他人不一样的时候很自在，不强迫、贬低他人。

4. 关于"正常化"，一位一线教育者这样说

当一个小孩子把吃了三分之二的饭碗推开说"我吃饱了，吃不下了"时，大人把碗收走，这个小孩子就是"正常化发展"的个体。可是如果成人把他叫回来，一边用勺子喂，一边说："你吃那么少，怎么能吃饱呢！来再吃点。"威逼、利诱各种手段同时施展，让孩子硬是把一碗饭全都吃完！这个孩子就会偏离正常化，而迈向歧变之路。很多妈妈会驳斥这种说法："我是了解他的饭量的，我知道他还没吃饱！"我想说的是，影响一个人饭量的因素有很多，用关心的借口让孩子服从，只会让他们失去自我。有的妈妈认为孩子该尿了，就直接把孩子抱起来裤子一脱给他把尿，孩子打着挺大声啼哭，这就是孩子的反抗！

长大之后，这样的孩子考试成绩不好、心情不好的理由都是这样的：妈妈又要伤心了、爸爸又要打我了、老师又要失望了，这些理由里唯独缺少了他对于自己的学习的反思。

当一个人从小被信任，被允许有自己的需要、想法和选择，他始终是身心合一的，他会在拥有自己独立的一面的同时与别人和谐共处。这样一个人就是正常化的人。

5. 三种基本心理需求

自我决定论研究者德西与瑞安认为人们存在三种基本心理需求：

（1）自主性，或称自主需求，是指人们感觉自己行为是自发的，并且完全出自自己的选择；

（2）胜任感，或称胜任需求，是指人们对行为或行动能够达到某个水平的信念，相信自己能胜任该活动；

（3）归属感，或称关系需求，是指人们感觉到自己与别人有关联，是一种在意别人，也同时希望被别人所在意，人们需要来自周围环境或其他人的关爱、理解和支持，体验到归属感。

自主性让一个人拥有自尊，胜任感让一个人拥有自信，归属感让一个人感到温暖和安全。当这三种心理需求得到满足之后，一个人便成为内心淡定，与自己、与他人、与环境都能和谐相处的人，也就是蒙特梭利所说的"正常化"。

三、什么是歧变

顾名思义,歧变就是步入歧途。什么是步入歧途呢?

蒙特梭利说,儿童所有的歧变都有一个根源——儿童不能实现他发展的生长计划,因为他遇到了一个有敌意的环境。

根据能量守恒定律,能量的形式可以互相转换,但永远不会消失。儿童的心理能量不是按它们应有的方式得到发展,就会沿着错误的方向发展,这就是歧变。

心理能量必须在运动中得到实体化,不管是由于成人占据了支配地位,还是由于儿童在环境中缺乏动力,心理能量和运动这两个组成因素若各自发展,人就被分裂了。

1. 歧变的几种表现形式

(1) 神游

"心灵本身应该通过自发的体力活动来塑造,这样心灵才不会躲避于幻想之中。"

当心灵找不到它可以工作的对象时,儿童会坐立不安地乱动。他们充满活力和不可压抑,但是毫无目的。他们的注意力非常容易转移,刚开始做某事,尚未完成就把它丢下了。他们的心力常常被外界的各种刺激所吸引,难以固定在某个东西或事情上。

对待这样的孩子,成人可能会惩罚,也可能会容忍。儿童的漫无目的和不规范的行为被视为正常现象,人们以为孩子们就是这样的,甚至会认为是聪明伶俐的表现。人们鼓励儿童的幻想,认为这叫想象力和创造力。

蒙特梭利使用"神游"来描述那些沉溺于想象中的人。她认为这种"神游"是一种逃避,一种躲避。是因为在现实世界里时时碰壁,或者遭受痛苦,而只好在漫无边际的想象中释放能量及得到满足。所以说,神游是自我的一种无意识的防御,是为了逃离苦难或危险,把自己躲藏在一个面具之后。

(2) 障碍

蒙特梭利说:"罩在儿童心灵上的一层薄沙使得心灵的反应越来越少。"这就是她指出的儿童与这个世界之间建立起来的障碍。这个障碍,其实就是心理防御机制。蒙特梭利用形象的比喻说,心灵在无意识地说:"你讲,但是我不听。你不断地重复,然而我不听你的。因为我正忙于竖立一座墙把你拒之墙外,不然我就无法构筑起我自己的世界。"

心理防御机制是一种自动进行的潜意识活动,其功能是帮助人保持心理平衡,不被来自强烈情感体验所伤害。所有人的心理防御机制都形成于童年,而且越早形成的心理防御机制越顽固,对人的现实觉知能力的伤害力就越大。

儿童的这些防御机制,虽然是为了保护自己不受伤害设置起来的,但也因为有了这道屏障,而使得他们的吸收力、学习力遭受影响。由最初对某类事物的抵触和屏蔽,逐渐泛化到其他事物,直至伤害到人际关系和自我认识。

  它建造了一堵封闭精神并把它隐藏起来的内部之墙,这堵墙是针对世界的防御工事。由于这个心灵常常与所有可能是幸福之源的外界美好事物相隔绝,于是,一出神秘的戏剧就只能在这些多种多样的障碍物的背后演出,对知识、科学和数学的秘密,以及具有迷人魅力的音乐的追求,所有这些都成为自我孤立的人之敌人。儿童的自然能量被引入歧途,以致使所有可能成为他感兴趣和喜爱的对象暗淡无光和隐而不见。

(3) 依附

有些儿童把自己依附于一个爱包办代替的年长者。这种依赖性会使儿童缺乏活力,也会让他们产生抱怨,这种孩子从表现上常被认为是神经过敏和充满深情的。

他们依恋他人,要求成人陪他们玩耍,给他们讲故事,给他们唱歌,以及永远不离开他们。这些儿童会不断地问各种"为什么",但是如果仔细观察他们的话,就会注意到他们只是简单地重复他们的问题,实际上是让一个他们需要其支持的人一直待在他们身旁的一种手段。

他们很容易放弃自己的活动,而服从成人毫不重要的命令。这样的儿童也会表现出一种冷漠和懒散的状态。这其实是一种虚弱,是生命力衰退的外在表现。

(4) 占有欲

幼小的婴儿和正常化的儿童具有使用他们多种感官去探索的自然倾向。他们热爱周围的环境,就像寻找食物的饥饿者。他要寻找能滋养他精神的东西,这种滋养品存在于活动中。儿童对环境的热爱驱使他不停地活动。

而如果儿童没能在有助于他发展的活动中找到满足,他就会被"东西"所吸引,渴望拥有它们。

内向的儿童,他们不善争吵、不跟他人对抗,他们宁可去积聚和隐藏东西。他们的行为像是收藏家,但仅仅是为了拥有而已。这说明他内心已经出现了某种匮乏,但却没有使用真正需要的内容去弥补。

(5) 权力欲

当对环境的热爱变成对外界环境的占有,成为一种贪婪时,儿童成长的力量也就转向了。

有些孩子已经意识到当有一个强有力的成人在场时,他的自我感觉就良好,如果他能利用成人来活动,他的力量就大。他开始利用成人,这样他就能比通过独自的努力获得的更多。

对一个软弱、无助的儿童来讲,再也没有比这更自然和合理的了,一旦他发现可以利用另一个强有力的人,他就着手这样做。

这种态度在那些对孩子有吸引力的神话故事中得到了充分的展现。儿童感到,他模糊的愿望在这些幻想故事中得到了令人欣喜的描述。从仙女那里获得力量,从而获得财富、实现梦想。她们是生活在成人中的儿童想象出来的具体形象。

所以,儿童受了自己梦想的支配也开始利用成人。他总有征服成人的方法。他通过情感,通过眼泪、恳求、忧郁的眼神,通过他的自然魅力来获胜。而成人刚开始时非常开心看到自己给儿童带来幸福。比如喂孩子吃饭、帮孩子洗手,孩子扔玩具大人去捡回来。而儿童在得到了最初的胜利之后,就期待第二个胜利,成人作出的让步越多,儿童就渴望得到更多的东西。最终,有限的满足和越来越增长的需求开始出现矛盾,产生了抵触和剧烈的冲突。儿童的任性成了成人的灾难,成人突然认识到他错了,他说:"我宠坏了我的孩子。"

(6) 自卑感

父母对孩子的爱是常常能被看到甚至令人感动的,但很多成人会不自觉地小看孩子,认为孩子是不懂事的、无知的、空白的,需要教授和纠正。

很多做父母的,还把儿童看成是自己的一部分,像私有财产一样,可以随自己心意安排和处置。而成年人在孩子面前,也非常地随意,几乎可以说是为所欲为,在其他成人面前不愿意说的话和做的事,在儿童面前无所顾忌。

当一个成人看到儿童端了一杯水,他就开始害怕这只杯子可能会摔破,他可能把这杯子看得比孩子还贵重,也可能是担心这孩子伤了自己,所以会从儿童手中把它夺过来。他极有可能并没有认真思考过,只是凭着自己的冲动做了这样的事。而即使是思考的话,他也认为自己是在为孩子负责。

在这样的环境中长大的儿童,会从成人那里镜像到自己是一个不可靠的人,是麻烦的制造者,是不受欢迎的人,是低一等的人。

我们再来看看以下这些场景:

> 儿童正在游戏时,成人过来打断他,认为该是散步的时间了。孩子就被打扮一番带出去了。
>
> 儿童正在从事一项工作,例如,把石块装到桶里,这时他母亲的一位朋友来拜访了。于是,这小孩的工作被打断了,被带来见这位客人。

成人会不断地打扰儿童和突然闯进他的环境中去。这个强有力的人从来不跟儿童本人商量就指挥儿童的生活。这使得儿童认为他自己的活动是毫无价值的。但是,一个成人在儿童在场的情况下跟另一个成人讲话时,儿童被要求不应该打断成人的话。儿童感到他是低一级的人,是附属于别人的人。感到他的每一个行为都是不重要的,在潜意识中就会认为自己是低劣的和无能的。这种信念就是沮丧和缺乏自信的源泉,"自卑感"就形成了。

胆怯,作决定时迟疑不定,面临困难或批评就退缩,经常流泪,绝望的神态,这一切都跟由自卑感所导致的痛苦心态形影相随。

(7) 恐惧

儿童很可能害怕过马路,或者害怕床底下有猫、害怕看到鸡。这在依赖成人的儿童身上特别容易发现。

成人可能利用儿童的无知,用模糊的恐惧恐吓他,这样他就会服从。这是成人用来对付儿童的最坏的一种手段,这会使儿童形成很多无谓的恐惧。

"恐惧的心态"不同于面临危险时出于自我保护的本能所产生的恐惧。这后一种恐惧在儿童身上比在成人身上出现得少,这并不仅仅因为儿童比年长者缺少面临危险的经历。甚至可以这样说,儿童可以自然地面对危险,他们比成人更能敏捷地做到这一点。比如我们会发现,乡村儿童会高兴地爬到树上和沿着陡坡冲下来,他们会跳进海里或河里自学游泳。

拥有自我保护意识和能力,并敢于面对恐惧的儿童形成了一种"谨慎",这使他们能避免危险,因而也能跟危险共存。他们能够使用桌上甚至厨房里的小刀,用火柴点火乃至点燃烟火,独自站在水池边,穿越城市马路。他们在学习如何控制自己的行为,小心避开危险。而已经形成恐惧感的孩子,是无力面对恐惧,以及形成与现实脱节的恐惧、夸大恐惧。

(8) 说谎

心理学家的研究,说谎是儿童的智能发展到一定程度必然会出现的现象。儿童发现了自己可以使用一些语言和方式主导他人、误导他人,他可以猜度别人的心理了。

还有一种说谎源自于孩子混淆想象和现实,夸张地表达自己的某个意愿。例如,一个孩子告诉老师,他的母亲自己制作蔬菜汁给客人喝,非常美味可口,客人说他以前从未喝过这么好的东西。孩子的描述非常生动和详细,乃至于老师去向孩子的妈妈讨教怎样制作这种饮料,而妈妈听说后很吃惊,说自己从来没有做过蔬菜汁。

而被列入歧变的说谎则是软弱和退缩的儿童的一种防御性反射。它们未加修饰、临时编造,通常十分明显。成人往往被这种说谎现象激怒,认为是孩子的品质问题,却没有体会到孩子内心的脆弱。

(9) 贪食或厌食

现代医学已经证实许多身体的失调都起因于心理。消化不良、厌食和贪食,都有其内在的心理诱因。

从对食物的渴望中,可以看到一种正常的敏感性的退化。从动物身上,我们能看到它们知道自己吃多少、什么时候吃、吃什么不吃什么。而有些人仅仅是由外在的味觉感来判断食物。自我保护的本能,使生命攸关的内部力量被削弱了和消失了。

一些厌食的孩子,可能是一种防御机制,例如,成人试图要这个儿童吃得快一点,但儿童有他自己的进食节奏,拒绝接受成人的节奏。儿童拒绝吃东西,常常是因为要反抗成人对他的强制。而一些贪食的孩子,则能被看到似乎是在对自己进行补偿。

2. 简化的歧变类型

(1) 强型儿童(反抗和克服所遇到的障碍)的缺陷

任性、暴力倾向、暴怒、不服从,且具有和进攻性、破坏性、抢夺别人的东西、欺负弱小儿童和动物,注意力不集中、目的不稳定、双手动作不协调、爱喧闹、爱幻想、心理混乱、干扰和耍弄别人。

(2) 弱型儿童(屈服于障碍)的缺陷

懒惰和无聊、希望别人服侍他、希望别人让自己快乐、很容易厌倦、对世界不信任(恐惧感多)、依附于成人、撒谎(自我保护的消极形式)、偷拿东西(心理补偿的一种形式)。

3. 歧变的原因

对于歧变的原因,玛丽亚·蒙特梭利主要归结到儿童身边的成人身上,几乎可以说是对成人的控诉:

> 孩子们从内心自然流露出的这种自发性,过去显然是因为大人们的居高临下及不适当的介入与干扰而受到长期的压抑。成人以为自己所做的每件事情都可以比小孩好,于是就把成人的那一套行为模式强加于孩子身上,要求孩子接受大人的控制,迫使孩子屈服、放弃自己的意愿和创意。
>
> 成人习惯于用自以为是的方法来解释孩子的行为,用自认为正确的方式来对待孩子,这不仅造成学校教育的偏差和整个教育体制的误导,更导致社会采取了一连串完全错误的行动。
>
> 孩子期待有人能够听听他们的意见,但他们弱小的心灵却一再碰壁、受伤。久而久之,孩子不但可能变得不愿意顺从,更有可能变得不爱惜自己,任由自己做出危险

的行为。

蒙特梭利在她的"儿童之家"发现贫穷的孩子和富家子弟的不同,也可以从另一个侧面让我们看到歧变的原因。

富家子弟,正如他们的家庭一样,被社会所能提供的奢侈所包围。他们似乎享有很大的特权,但是只要引证欧洲和美国的教师的经验就足以说明问题,这些教师给我谈了他们最初的印象,并描述了他们在抵制这种观念时所遇到的困难。

这种儿童并不会被花园中的小径、美丽的花朵和豪华的环境所吸引。他们对那些能使贫困儿童着迷的物体并不感兴趣,因此,他们的教师感到迷茫和毫无信心。

如果儿童是贫困的,通常他们会迫不及待地朝着提供给他们的那些物品奔去。但是,如果他们是富裕的,已经厌烦精致的玩具,他们就不大会立即对提供给他们的刺激作出反应。

一位美国教师 G 小姐从华盛顿给我写信道:"这些儿童互相从其他人手里抢东西。如果我试图拿某件东西给其中一个人看时,其他人就会丢掉他们手中已有的东西,吵吵嚷嚷地围住我。当我对一种物品作解释时,他们全都会为它而争起来。这些儿童对各种各样的感官材料并没有表现出真正的兴趣。他们从一个物品到另一个物品,对任何东西没有片刻的留恋。有一位儿童无法停留在一个地方,以致他坐在那里的时间不足以用手摸遍提供给他的那些物品。在许多情况下,这些儿童的运动是无目的的:他们只会满屋地奔跑,毫不在乎这样做会带来的损害。他们碰撞桌子,掀翻椅子,踩在为他们提供的材料上。有时候,他们会开始在某个地方工作,然后就跑开了,拿起另一件物品,但接着没有任何理由地又把它丢掉了。"

D 小姐从巴黎给我写信道:"我必须承认我的经验是令人十分沮丧的。儿童至多只能在一项工作上集中几分钟精力。他们没有自发性,不能持久。他们就像一群羊一样,常常相互跟来跟去。当一个儿童拿起一件物品时,其余的人也要这件物品。有时候他们甚至在地板上打滚,弄翻椅子。"

下面的描述来自罗马的一所招收富家子弟的学校:"我们主要关心的事情是纪律。这些儿童在工作时乱搞一通,并拒绝接受指导。"

当年的富家子弟,与现代社会里的很多孩子有类似的家庭环境:成人跟随伺候的多、玩具游戏多等。这些孩子进到自由的环境中后,会比较多地显示出厌倦、多动等歧变现象。

简而言之,无论是什么原因造成的,其结果是儿童与生俱来的生长能量受到阻碍和压抑,使得儿童没有将能量用在自己的成长和探索上,而是用于抵御外界恶劣的环境以求得生存,这点在"强型"儿童身上显而易见。而从"弱型"儿童身上,我们看到的是无力感和无能感,以及放弃了探索与成长的迹象。

四、如何对待已经出现歧变的儿童

蒙特梭利在她的著作中,描述了在"儿童之家"中孩子们的改变:

> 经过若干天后,这个旋转粒子的星云群(不守秩序的儿童)开始呈现一种确定的形状。看起来似乎是儿童开始自己指导自己。他们开始对起初被看作傻乎乎的玩具或瞧不起的一些物品产生兴趣。作为这种新的兴趣的结果,他们开始作为独立的人而行动。能吸引儿童全部注意的物品使他们不会分心于另一件物品:这些儿童追求起他们各自感兴趣的东西。
>
> 当一个儿童找到了能自发地唤起他强烈兴趣的某种东西、某种特殊的物品时,这场战斗终于打赢了。有时候这种热情突然产生,并没有预兆。我曾经试图用学校中几乎所有的不同物品来激发一位儿童的兴趣,但没有能引发一星儿注意的火花。然而偶然有一次,我给他看两块写字板,一块红色,另一块蓝色,叫他注意这不同的颜色。他立刻伸出了手,在一堂课里他就认识了五种色彩。在以后的几天里,他拿起了所有他过去瞧不起的各种物品,逐渐地对所有这些东西都感兴趣了。
>
> 有一位儿童,最初只能维持最短的注意时间,由于他对所使用的一件最复杂的称之谓"长度"的物品感兴趣,就摆脱了这种紊乱的状态。整整一个星期,他不断地玩这些东西,学会了如何数数和做简单的加法。然后,他开始返回到一些较简单的材料旁边,变得对这个教育体系中的所有各种物品感兴趣。
>
> 一旦儿童发现了某种能使他们感兴趣的东西,他们就失去了那种不稳定性,而学会了聚精会神。
>
> 这个班级发生了巨大变化。秩序似乎是自己建立起来的。这些儿童似乎被他们的工作强烈地吸引住了,不再像以前那样无目的地工作。一种工作的气氛在班级中形成了。这些过去出于一时冲动去选择物品的儿童,现在表现出他们有一种内在纪律的需要。他们把自己的精力集中在一些艰难的任务上,并在克服困难时体验到一种真正的满意。这些宝贵的努力对他们的性格产生了直接的效果。他们成为了自己的主人。
>
> 神经质的儿童变得平静了。有压抑感的儿童重新获得了活力,所有的人都共同沿着这条有纪律的工作之路前进,通过内在的、已找到表达手段的能量的外在表现而

取得进步。

在我们学校里最经常看到一种现象,是身心失调和易激惹的儿童迅速地转变。他们似乎立刻从遥远的国土回来了。不仅他们无秩序的工作习惯有了变化,而且通过获得平静和满意产生了一种更深刻的变化。这种歧变自然地消失了。

于是我们就总结出了问题孩子的转化步骤:
(1) 反思:究竟是孩子出了问题还是孩子的生活环境出了问题?
(2) 寻找:孩子的环境中该做哪些改善?
(3) 创造条件,将儿童的能量调整到他们自身的健康成长之上:
第一阶段:自由地从事一项活动;
第二阶段:活动持续地进行;
第三阶段:对活动倾全力去做;
第四阶段:获得满足感。

蒙特梭利说:"尽管成人压抑儿童,但儿童从他本性的深处不断地原谅成人,并努力使自己成熟起来。儿童正在不断地跟压抑他正常发展的力量进行斗争。"

【作业】寻找一个案例来说明儿童的歧变原因及改善方式。

【课外阅读】

生长的障碍

——摘自《童年的秘密》

当儿童的发展达到他能够独立行动的阶段时,儿童跟成人的冲突就开始了。当然,没有一个人会完全阻止儿童看和听,进而阻止他明智地征服他的世界。但是当一个儿童开始独立地行动、走路、触摸各种东西时,即使一个成人是真诚地热爱儿童,在他的内心仍然会产生一种强有力的防御本能。

正在生长中的儿童和成人的心理状态存在着极大的不一致。以至要这两者不做一些调整而生活在一起,实际上是不可能的。我们不难看到,这些调整是不利于儿童的,儿童的社会地位是十分低下的。跟成人环境不相协调的儿童行为将不可避免地被制止,尤其是因为成人没有意识到他自己的防御心态,却反而相信自己确实对儿童有着深厚的爱和奉献精神。

成人的贪婪被"有责任正确地教育儿童"掩饰起来了,这种贪婪使他小心翼翼地保护自己所拥有的任何东西。成人害怕他的安宁被打扰,然而,这种害怕掩盖在"为了维护儿童的健康,要让儿童多睡些"的幌子下。

一个缺乏教养的妇女可能会对她的小孩大声喊叫、打骂,并把他从家里赶到街上,使儿童不致打扰她。但过后,她又会亲昵地抚摸和热情地吻他,以表明她是体贴并爱着这个小孩的。

社会较高阶层所固有的形式主义使他们只接受某种态度,例如,爱、献身、责任感和外表上的自我控制。不过,这些较高阶层的妇女比低下阶层的妇女更乐意摆脱子女对她们的纠缠。她们把孩子托付给保姆,让她带他们散步或哄他们睡觉。

这些妇女对他们所雇用的保姆显得有耐心、仁慈甚至很谦恭,这就表明,即使她们不讲什么,这些保姆也已真正懂得,只要使讨厌的孩子离得稍远一点,主人就会容忍一切。

儿童刚学走步,开始欣喜若狂于自己的活动自由时,他就遇到了一群巨人阻拦他的每一个举动。保护自己的财产使其免遭侵犯,这几乎是成人的自然法则。在某些民族中这种倾向可能变得极端强烈。这种本能性的自我保护的根源隐藏在人类心灵的潜意识的深处。

成人会心安理得地说:"儿童不应该到处乱走,他不应该碰不属于他的东西,他不应该大声说话或叫嚷,他应该多躺一会儿,他应该吃和睡,他应该到户外去。"似乎这个人并不是这个家庭的成员,对这个儿童并没有特殊的爱。那些更懒惰的父母会为他们自己选择最轻松的道路,他们打发自己的孩子去睡觉。

一个强者可以通过暗示把他自己的意志强加于弱者。一个强迫使儿童睡眠的时间超过他需求的成人,就是在通过暗示的力量无意识地把他自己的意志强加给儿童。

成人,不管他们是博学的或无知的父母,还是照管婴儿的保姆,都协力促成这个充满生气的和活跃的人去睡觉。在那些富贵家庭里,婴儿,甚至2岁、3岁或4岁的儿童都被责令要过量睡眠,虽然一些贫困家庭里情况并非如此。这种贫困家庭的孩子整天满街奔跑,成人并不哄他们睡觉,因为他们并不是父母厌烦的根源。通常这些贫家子弟比富家子弟安静些。导致这种情况的一个原因,可能是富家子弟一直提倡过长时间的睡眠。

甚至儿童的床也可能是痛苦之源。把柔软和美丽的装有栏杆的婴儿小床和宽敞的成人床相比,儿童的床就像是一只悬空的鸟笼,这样,父母或保姆照料他时就不必麻烦地俯身弯腰,把儿童放在那里,父母也不必害怕他会跌下来受伤。并且,儿童的房间是遮暗的,以致第二天的阳光也不能唤醒他。

能够给予儿童心理发展最大的帮助之一,就是给他一只适合他的需要的床,以及不让他睡得超过必要时间。应该允许儿童疲倦的时候就去睡觉,当他睡够了就醒过来,当他想要起床时就爬起来。这就是为什么我们建议,像许多家庭所做的那样,应该废除儿童小床,应该给儿童一只矮床,实际上它是贴在地板上,这就可以随他所愿躺在那儿和起床。

像所有有助于儿童精神生活的新的帮助一样,一只矮床是很经济的。儿童需要的是一些简单的东西,复杂的东西往往更多的是阻碍他的发展而不是促进他的发展。在许多家庭里,通过把一张小床垫放在地板上,并覆盖一条大毯子,由此改变了儿童的睡眠习惯。这样,一到晚上儿童就可以高兴地自个儿去睡觉,早晨起床也不打扰任何人。诸如此类的例子表明,成人把自己的意志强加给儿童,在照料子女时把自己也弄得精疲力竭,这是多么的错误啊!实际上,由于他们防御性本能的驱使,他们一直违背儿童的需要,而这种防御性本能是可以轻易克服掉的。

从所有这一切我们可以看到,成人应该努力了解儿童的需要,这样才能给儿童提供一个适宜的环境,使他们得到满足。成人必须不再把儿童看作是一个物体,当他幼小时,可以提起来并拎东拎西,当他长大一些后,唯一的就是服从成人。成人必须确信,在儿童的发展方面他们只能起一个次要的作用。他们必须努力理解儿童,这样他们才能适当地帮助他们。这应该是儿童母亲的目的和愿望,也应该是所有那些教育工作的目的和愿望。自然,儿童远比成人弱小。如果儿童要发展他的个性,成人必须控制自己,领会儿童的表示,而且,成人应该把这当作是一种特殊的事,使自己能理解和追随儿童。

第三章 蒙特梭利幼儿教育的原则与实践

> 如果我们要以孩子的福祉为中心,就要建立一个不再压制孩子的学习环境。这个环境应当要配合孩子的性情,让孩子在其中自由发展。
>
> 任何一项教育制度的推行,必须先从建立一个能够保护孩子的环境做起。这个环境要能保护孩子,不受成人世界那些危害孩子学习和发展的重重阻碍所威胁;这个环境要像暴雨中的避风港、沙漠中的绿洲,成为他们的心灵寄托之所在;这个环境要时时刻刻确保孩子能够健康正常发展。
>
> ——玛丽亚·蒙特梭利

第一节 自由的原则

蒙特梭利一再地强调教师的观察,她说教师一定要做一个被动的观察者:"你只要冷静地观望,保持一种尊重孩子的行为态度,使孩子在获取经验时,有完全的自由,在他们工作时不要干扰他。"

一、为什么要给儿童自由

1. 信任——相信儿童正在积极地发展他自己

蒙特梭利在她的著作里提到:"为了探索宇宙里的秘密,静静地坐下来观察它而不去扰乱它的运行秩序,这才是非常必要的。我们要想了解一个人性格中展示出来的本性并对这些现象加以探索研究,我们要做的也只是静静地去观察,不去打扰和抑制他的这些本性。"

一个小女孩把她的小伙伴们聚集在一起,她站在中间,开始和他们谈论,并对他们做手势示意。这时,教师就会立刻走向她,抓住她的胳膊,告诉她不许再乱动。但我仔细地观察了这个孩子,我看见她在对别的小伙伴们扮演教师或妈妈的角色,教他们作早晨的祈祷,用手画着十字。她已经显示出自己有做指导人的天赋。

另一个孩子,他不断地做着一些违反组织和纪律的事情,被老师们认为是个不太正常的孩子。一天,他带着一种急切的想要好好表现自己的心理,开始小心地搬桌子。这些老师们立刻走到他面前,让他不要弄出任何响动。他所做的是他第一次显示他本性里的一些东西,因此他应该得到老师们的尊重。然而事实上,从那之后,这个孩子开始像别的孩子一样安安静静地做自己的事情,不再显露任何个性的东西了。

在"儿童之家"经常发生这样的事情。当女教师们把她们用过的不同材料重新放回到盒子里时,这时就会有一个孩子走过来,拿起这些道具,带着明显的渴望神情,模仿这个老师。这时教师的第一反应就是让这个孩子返回到他自己的位置上去。"放下它,回到你自己的座位上去。"这个孩子是想表达一下他想成为一个有用的人的欲望。而对于女教师来说,却是教导一个孩子把东西摆放有序的一个好机会。

在自由中,儿童显露出自己的内在需要,成人才得以了解儿童的发展需要,才能给予他们以帮助。

2. 不阻碍——给儿童自我发展的机会

一天,孩子们聚成一圈,大声地谈笑着。圈子中间是一盆水,水里漂浮着一些玩具。我们学校里有一个两岁半的孩子,他一个人独自待在圈外,我们能很清楚地看见他内心对他们充满了好奇。

我看见他从远处饶有兴趣地注意着这一切,他先是靠近别的孩子们,试着使他也融进他们之中。但他还不太强壮,他挤不进去,就只好站在外面,饶有兴趣地看他们。

这一切从他小脸的表情里一览无余。

我希望我有一个照相机能把他的这些表现拍摄下来。偶然间他发现了一个小椅子,我看见他明显地下了决心,把它放在这群孩子们的背后,然后爬上去观看。他开始移动椅子,脸被希望之光照亮了,但就在那时,教师粗鲁地抓住了他。把他举过别的孩子们的头顶,说:"来,可怜的小东西,你也看看!"

毫无疑问,这个孩子也看到了水中的玩具,但他却感觉不到那种通过自己的努力去征服困难和冲破障碍并实现目标后的高兴了。看见这些轻而易举得到的东西,对他来说,没有一点儿好处,而智力的努力却能使他内在的能力得到发展。

这个老师阻碍了孩子的发展,她没有给予他任何有益的帮助。这个小家伙感觉不到自己是一个征服者,他只发现他的两个胳膊被控制住,没有反抗之力,一动也不能动。这个孩子的表情有高兴、急切和希望。

使我感兴趣的是,当他反应过来,发现有人代替他征服了这些困难时,孩子脸上所有的这些积极的表情迅速地从他的脸上消失了,而呈现出的是一种很没趣的、别人会为他做任何事的傻傻的表情。

蒙特梭利教育的目标是使儿童成为一个独立的人。而走向独立的第一步,就是给予他自己选择、自己操作的空间和时间。

3. 自由——达到正常化的第一步

儿童有了自由就能选择自己感兴趣的东西——因为有兴趣,就会反复做那件事——在这样反复的练习中,就会产生专注。

二、在蒙特梭利教室中,儿童拥有哪些自由

1. 选择活动内容的自由

每天都会有大量的时间给予儿童,让他们根据自己的兴趣选择自己所要做的事情。

2. 选择活动空间的自由

蒙特梭利教室里的各个区域都对儿童开放,是在桌子前还是在地板上,是独自一人还是与他人在一起,都由儿童自己决定。

3. 选择活动时间的自由

什么时候开始,什么时候结束,什么时候停下来一会儿,活动的节奏由儿童自己把握。让他可以遵循自己内心的节奏,保证他的内在思维和感知不被打断。

4. 自己发现、判断和作决定的自由

儿童的活动过程中没有人来评判和干涉,由他自己去发现和判断。他自己决定是改进还是重复。

三、自由与纪律

一个刚刚接触蒙特梭利教育的老师,常常会迷惑于自由的尺度。玛丽亚·蒙特梭利曾经在她的"儿童之家"里观察到这样的情景:

> 教师们开始允许孩子们去做使他们自己高兴的事情。我看见孩子们把脚伸到了桌子上,把他们的手指放到了鼻孔里,她们却不去纠正他们。我看见有的人在推他们的伙伴,这些孩子脸上充满了暴力的表情,而教师们对这些都不怎么注意。

玛丽亚认为这不是一个教室里该有的情景:

> 我不得不非常严肃地指出哪些行为应该被阻止,而且阻止这些行为是非常必要的,哪些行为是要渐渐地阻止的。只有这样,这些孩子们才能清楚地区分善与恶。
> 教育者的任务就是帮助孩子们分清好与坏、善与恶。我们所做的这一切都是围绕着我们要建立一个积极的服从纪律的目标。

她认为教室里该呈现出这样的情景:

> 所有的孩子在教室里到处走动,做一些益智和自愿的事情,他们不会有粗鲁和野蛮的行为。
> 和普通学校一样,孩子们坐成排,我们分配给他们每人一个地方。我们提议他们能够安静就座,并能使整个班级像一个组合一样井然有序。

之所以可以达到这样的效果,玛丽亚认为需要让孩子们理解这些纪律:

> 这不是一个强制的结果,而是一个教育的结果。我们使他们明白了一件事情,不是靠强制的力量,而是靠教育。告诉他们集体主义是一种纪律,让他们知道了这样的一个概念,这才是一件重要的事情。

我们试着去使他们明白这种安排,他们看起来理解得非常好。井然有序是一件非常好的事情,在教室里这样安排确实令人感到愉快。因此,按秩序待在自己的位置上并保持安静,他们就默默地照办了。

如果他们在明白了这个道理后,就再也不会不假思索地站起来,大声讲话,并跑到另一个位置上去。即使他们这样做了,也是因为他们希望站起来大声地讲话。也就是说,他们想要改变自己的状态去做一些自发的事,这是可以理解的。但他们要知道他们的行为中哪些是被禁止的,记住和区分清哪些是善,哪些是恶,哪些能做,哪些不能做。

随着日子的流逝,孩子们从一种状态变到另一种状态,行为变得越来越协调。事实上他们已经知道怎样去反省自己的行为。孩子们已经明白了做事情要按秩序的道理。从一开始表现出的行为混乱,到后来自发地遵守纪律,这是孩子们的自发潜意识作出的一种选择。

蒙特梭利认为,儿童在自由的基础上才能培养真正的内在纪律:

在自由中,儿童有机会来思考自己的行为,确定自己的行为,形成自我认识,发展出独立精神和自制力。

第二节 工作的原则

一、儿童"工作"

把儿童集中注意力进行的操作式活动叫作"工作",这是蒙特梭利教育所特有的。

人类的复杂机能由感觉器官、运动器官、神经中枢关联组成,外界环境的刺激通过感觉器官把各种信号传递给神经中枢,神经中枢再发射信号给运动器官产生各种动作,动作过程中又有新的信号通过感觉器官传入神经中枢。这三部分就是如此密切地相互作用、相互关联。儿童正处于各种器官慢慢苏醒和成熟的时期,也正处于神经中枢的发育关键期,所有的感知与动作的信号都会对神经中枢的建立产生重要影响。

刚出生的婴儿其身体各部分已经大致完成，但脑部还没有成熟，出生后六个月时，脑部重量是刚出生时的两倍；七八岁时，接近成人脑重量的百分之九十，之后发育就减慢，直到二十岁脑发育完成。

脑科学研究表明：大脑功能的水平服从"用进废退"的规则，不能缺乏足够的刺激。人并不是生来就拥有一个功能完备、高效运转的大脑，大脑的逐渐成熟是一个人的遗传特征与外部经验交互作用的结果，也就是基因与环境交互作用的结果。

蒙特梭利说："我们不能将人类进化的原因只归结于脑部的发展。人类的脑部进化，需要更大的头盖骨，结果造成头部的竖起，促使人类必须直立，并使脸部和说话的肌肉发达。"大脑的进化、手的活动、语言能力的发达三者互相促进形成连贯关系，身体机能达成统一。

现代脑科学的研究已经充分证明了活动对于儿童大脑硬件建设的意义，儿童的智商并非是一出生就被固定了的，而是在后天环境的刺激下，以及自己与环境的互动过程中逐渐发展起来的。而其中使儿童身心协调发展的活动就是"工作"，这个过程也就是儿童生理和心理实体化的过程。

蒙特梭利认为，如果儿童能全神贯注地工作，就说明这种工作能满足他内在的需要。这样的工作不仅使儿童得到了心理上的满足，也使得他获得了独立的能力，还使他建构起了自己的多种智能。

二、儿童"工作"的意义

1. 是儿童天然的需要

第一，儿童的思维特点是以具体行动思维为主，边做边想，做带动想。看到，便要去做。第二，儿童天然地喜欢模仿，模仿成年人的活动。第三，儿童对于外部世界的好奇要通过具体的操作来完成。

2. 工作使儿童动作协调

工作使儿童越加熟练地运用自己的身体，手眼协调、手脑并用、肢体整合，大动作和精细动作的熟练掌握，都要通过各种活动和操作来完成。

3. 工作使儿童心理满足

工作使儿童得到参与感、融合感、自我价值感，是自信心和独立性的来源。

三、儿童工作与成人工作的区别

	儿童工作	成人工作
目标	内在的需要,为了自我的建构和成长	生存需要或价值感的需要
过程	跟着感觉走,独立完成,与他人的交流出于情感而非利益	追求效率,在利益的基础上达成分工与合作
结果	重视过程大于结果	重视结果大于过程

由于很多成年人已经没有了工作的内在动机,他们会将自己的模式,想当然地迁移到孩子身上:"好好学习,然后就可以去玩游戏、看电视或课外书了。"这种人为地将学习等同于负担和任务、区别于娱乐和放松的方式,正是孩子们逐渐丧失学习和探索热情的根源之一(如上表)。

在古代社会,或者是现代农村,人们过着简朴平静的生活,儿童的周围就是家畜和他们可以随意触摸的其他东西。家长劳动时会带着孩子一起,大点的孩子可以自己到处跑着玩,家里也会安排一些他能从事的劳动让他参与家务。当他感到疲倦时,他就躺在树荫下睡着了。

儿童是生活在成人之中的自然人。他自己的活动跟对社会有用东西的生产毫不相关。

当儿童工作时,他并不是为了获得某些进一步的目的而如此做的。他工作的目的就是工作本身,当他重复一项练习,使自己的活动达到一个目的时,这个目的是不受外界因素支配的。

一个已经升华的人并不会被外界东西所迷住。他仅仅在适当的时间为了他自己内心生活的完善而利用它们。跟这种人相对立的是:过着一种平凡生活的成人会被某些外在的目标所迷住,以至不惜任何代价去追求它们,有时甚至达到损害健康乃至丧失生命的地步。

另一方面,儿童对劳累的工作并不感到疲倦。他通过工作得以生长、结果,他的工作增加了他的能量。儿童从不要求减轻他的负担,而完全由他一个人完成他的使命。他的生命完全在于促进生长的工作。

成人感兴趣于花费最少的精力和节省时间。由于成人更有经验和更敏捷,他们就试图给小孩洗手、穿衣,用手抱或用小推车带着他们到处转,重新整理儿童的房间而不让儿童插手。

儿童会说:"让我自己做,这是对我的帮助。"这些话揭示了他们内在的需要。

第三节 秩序的原则

一、儿童的秩序感

儿童天然地热爱有秩序的生活和有秩序的环境。秩序会带给人确定感,从而带给人以安全感。蒙特梭利说:"心灵的适宜环境是这样的:一个人能闭着眼睛到处走动,仅仅只要伸手就能拿到他所要的任何东西。这样的环境是平静和快乐所不可少的。"

秩序也反映出大自然和社会的存在及其运行法则,是儿童敏感地捕捉和感知的对象,儿童从中感知到外部世界的规律,并同时建构起自己的内在世界。一个认识各种物体但不了解它们的相互关系的人,就像一个生活在混乱状态中的人不能摆脱这个困境一样。在童年的生活过程中,人们学会在生活道路上指导和指引自己。

儿童具有两重秩序感。一是外部的,这种秩序感从属于儿童对他本身与自己的环境的关系的感知。另一个是内部的,这使儿童意识到自己身体的不同部分和它们的相对位置。这种敏感可称之为"内部定向"。

二、蒙特梭利教育中秩序的原则体现的方面

(1) 每个教具有相对固定的位置和排列次序;
(2) 儿童和教师一起保持教具的完整;
(3) 教师带领儿童一起制订并遵守维护教室秩序的规则,保证儿童的工作不被干扰;
(4) 取放及操作教具按照相对固定的顺序进行;
(5) 作息时间相对固定。

三、关于教室内规则的制订与执行

1. 规则不是给成人服务的,不是成人控制孩子的工具

合理的规则在孩子心里构筑了一个边界,孩子因此明确什么可以做,什么不可以做,

有了这个边界的存在,孩子就不需要猜测成人当下的想法,因此规则是孩子安全感的一个重要来源。所以从某种意义上来讲,规则最重要的目的是约束成人。因为在没有规则的情况下,成人在不同时间、不同情绪状态下,对相同的事情会作出不同的反应,这会让孩子困惑,他需要猜测成人的想法。

2. 如何制订并执行规则

首先规则是全体成员共同制订并遵守的,孩子也有权制订规则,规则是需要全体人员的同意。

规则的执行是身教的结果,不可能指望着孩子一下子就接受所有的规则,只有成人严格遵守,孩子才可能学着去遵守,也只有这样,很多规则才能够内化到孩子身体里,当孩子发现很多所谓的规则存在多重标准,他自然就会在内心抵触,进而寻找监督的漏洞,这样的话还不如没有规则。

3. 规则是需要简单、清晰、可执行的

规则的制订要遵循最少的原则,可以想象,一个孩子一天内被告诉有30多个"不可以",这个孩子一定什么都不会遵守,如果一个孩子一个星期才有一个"不可以",他通常也会心甘情愿地去遵守。所以每次要告诉孩子什么"不可以"的时候,先问自己一下,这个真的"不可以"吗,当我们将"不可以"减到最低数量,就能得到一个高度顺从的孩子。

4. 很多的"不可以"不是规则,而是常识

比如一个孩子在一个很高的露台上玩,他好奇想看看下面是什么样子,就来到露台的边缘。这时不需要告诉孩子:"不可以到露台边缘,这是规则。"需要的是"这样做有危险,请你不要靠近露台边缘"。

5. 很多规则的执行不依赖于语言的监督,行为或许更有效

在孩子3岁前,大部分情况下,孩子违反了规则,只需要将他抱走就好了,在经历几次后,孩子有足够的智慧理解并总结,什么是不可以做的,也就自然会知道什么是可以做的。3岁后,语言也仅仅是为了讨论是否需要制订新的规则。

6. 孩子第一,规则第二

不是说制订了规则后,孩子一旦违反,就是多么严重的问题,在遇到违反规则的情况下,维护一下规则就好,不要因为违反规则,就指责孩子本身,我们只是需要维护规则而已,违反规则的行为不能证明孩子是有问题的。有时这并不容易做到,尤其是孩子频繁地违反规则时,大人需要控制自己的情绪,有时需要思考,孩子不断违反规则背后的原因是什么。

7. 规则是有弹性的

在孩子特定敏感期时,规则需要让路,这时的主要工作是让孩子更好地度过这个敏感期,只要保护好其他人不因此受到伤害就好了。在孩子有情绪的时候,首先要处理孩子的情绪,然后才是维护规则。

【相关链接】

蒙特梭利教室与家庭规则
——来自孙瑞雪教育机构

（一）请归位。(从哪里拿的东西就归位到哪里)

（二）请等待。(谁先拿到谁先用,后来者必须等待)

（三）别人的东西不可以拿。(自己的东西有权利自己支配)

（四）请你不要打扰我(他),我(他)正在工作。(包括不踩别人的工作毯、不高声说话、奔跑)

（五）这是粗野(或粗俗)的行为,不可以。粗野的行为包括打人、骂人、强制别人、破坏财产等。粗俗的行为包括随地吐痰、扔纸屑、挖鼻孔等。

（六）打扰一下,我可以参与这个活动吗?

（七）做错事要道歉。(对成人同样适用)

（八）没有关系,错误(或失败)能帮助我们成长。

（九）如果这样做会更好。请试一试这种办法。

（十）你需要帮助吗?

（十一）请告诉我发生了什么?你自己会解决吗?

（十二）我很爱你,但这件事情不可以这样做。

（十三）我不会离开你,我会陪着你,我爱你。

请你写下:

1. 你你怎么看待自由和一个人的尊严以及学习热情的关系。
2. 你怎么看待工作和一个人的尊严及自我价值感的关系。

第四节　家庭如何实施蒙特梭利教育

蒙特梭利在她的著作中,提到"儿童之家"教育实验的成功是因为两个关于家庭教育环境的因素：

（1）学校位于贫穷地区。穷人家的孩子物质缺乏，那些科学设计的教具，很快引起他们的兴趣，唤醒了他们的专注力。而且穷人家的孩子，常常拥有自然和自由的环境。

（2）这些孩子的父母都是文盲，不会自以为是地教导孩子，并且更信任教师，愿意热心配合学校的教育方法。

当孩子写出第一个字时，不识字的父母，高兴得把他们的孩子举起来，而有钱人家的父母，只表示淡淡的兴趣。想要做打扫工作的孩子，有钱的父母会说，这是佣人的工作，他来学校不是为了学这些低下的工作的。

看到蒙特梭利的判断，我们可以对比今日中国社会和家庭的状况。今天的中国孩子，尤其城市家庭的孩子，物质条件极大丰富，也会出现多动、浮躁的现象。而今天的家长，因为自身的成长环境以及社会环境中压力和多元思想冲击的影响，在养育孩子的过程中也会有更多的纠结和无奈。

在家庭中实践蒙特梭利教育，最重要的是学习教育理念，而不是买一些教具。在本章，我们简要学习一些家庭中实施蒙特梭利教育的基本原则。

一、和儿童一起成长

家长有自我成长的意识，主动学习和理解儿童成长的规律。如果家长自身有很多的焦虑和担忧，他们在和孩子相处时一定会把情绪释放到孩子身上。孩子顶嘴说他没规矩；听话说他没主见；活泼好动担心是多动症，内向文静又怕是自闭症；打人说他太霸道，被打说他太懦弱；争第一说他太好胜，不在意名次说他不求上进；交朋友怕学坏，没朋友怕孤僻；助人怕吃亏，不助人说他自私。孩子怎么做都是错：独立被视为叛逆，诚实被视为木讷，善良被视为软弱，坚持被视为固执，谨慎被视为胆怯……

家长内心的纠结，可能是来自于自身成长经历中的情感缺失或信念体系的误区，也可能是因对孩子的不了解而迷茫、无奈之后的纠结。所以跟随蒙特梭利这样的既有理论又有实践的教育体系不断成长，是一个非常好的途径。

家长通过对自我的了解和对孩子的了解，不陷入人云亦云或随波逐流，保持着清醒的头脑和清明的心，从而能够真正地陪伴孩子。

家长通过自我觉察后的自我清理，拥有更多的自信与平和，可以给予孩子稳定的情感回应，能够做到真正的包容和耐心。

二、让家庭成为一个温暖、安全的容器

在家庭中形成和谐的关系,儿童的生存和成长需要家庭给予他们的爱。孩子和父母之间产生最早的人际关系,其后的一切发展都有赖于这个关系。

用形象的方法来表达家庭关系,最合适的关系是爸爸妈妈站在一起,孩子在前面。这样的关系中,孩子的成长背后有两个非常坚实的依靠,那就是爱和支持,当后方是安全的,孩子的注意力都放在自我的发展和对世界的探索上。有个形象的比喻:妈妈是天,因为孩子在妈妈那自由;爸爸是地,有爸爸的存在,孩子会觉得安全。

而如果家庭关系不和谐,孩子的安全感和情感模式都会受到严重影响。在孩子18岁形成自我以前,父母都是孩子的根,直接关系到孩子的信念和信心。

当孩子又有了下一代时,会同样复制上一辈的关系,所以爱的能量、成长的模式、生活的方式,都会在家庭中传承。

三、家庭物质环境的创设满足孩子成长的需要

在孩子出生之前,家庭环境是为满足家中成人的需要而创设的,无论是家具尺寸、家具样式、家居布局,到处都是成人的物品,按照成人的喜好和习惯而设立。

蒙特梭利教育提出一个词——有准备的环境。在家庭中,"有准备的环境"即是指能够满足儿童成长需要的环境。孩子出生之后,作为家庭中的成员之一,如何能够拥有平等的权利,可以逐渐地发展出自主和独立性,物质环境的创设是至关重要的因素。

第一,尽可能地给孩子自主发展的空间。在孩子学习翻身坐起、四处爬行和走动的时候;在他们用嘴巴和手探索各类物体的时候;在他们爬高上梯探索空间的时候;在他们把自己当成家庭的主人之一要参与家庭生活的方方面面的时候,有足够的允许和足够的物质上的协助,使他们成功。所以,使用低的床垫作为婴幼儿的床;使用带有梯子的高椅子,让他们可以坐上成人使用的餐桌;使用低的衣柜让他们可以自己取放衣物;等等,都是让孩子独立并且自信起来的重要物质保障。

第二,家中的物品摆放有序,规律和功能显而易见,便于孩子把握和运用。孩子知道什么东西放在哪里,如何取,如何归位,如何使用。有条理、有把握的生活环境,是让孩子安心、平和的物质保障。

第三,父母的责任是要保护孩子的安全。但很多父母仅仅用口头提示和禁止孩子的行动来完成保护工作,这是缺乏智慧的做法。为孩子提供一个尽可能安全的环境,然后给孩子自由,这是做父母的高明之处。

第四,对于孩子要使用的物品,成人要作介绍和示范,示范的动作要缓慢而清晰。

四、成人的节奏与儿童的节奏相协调

婴幼儿的内心节奏是缓慢的,刚刚来到这个世界的孩子,需要一点点地、审慎地感知和体会。婴幼儿的动作也是缓慢且笨拙的,因为他们的神经联结还在建立过程中,动作的熟练程度还不高,自动化的反应建立得少。

而成人身体和大脑的自动化反应程度已经很高了,长期的社会节奏的影响也使很多的成人习惯了快节奏的思考判断及行动。而且追求效率和结果也是成年人的思维模式。

当快节奏的成人与慢节奏的儿童遇到一起,就会出现不可避免的冲突。诸多家长的烦恼都来自于此,诸多孩子的痛苦及心理障碍的产生也来自于此。

为了保障儿童身心的健康发育,成人觉察到孩子的节奏,控制好自己的节奏,是一个非常重要的课题。

第四章　蒙特梭利教育环境的创设

> 如果我们为孩子准备一个和他们的形体、力量、心理能力一致的环境，其后我们让他们在那个环境中自由地生活，由于我们给儿童提供了适宜他们的环境，我们将为解决一般教育问题迈进了一大步。
>
> ——玛丽亚·蒙特梭利

第一节　预备好的环境及硬件环境建设

一、预备好的环境

蒙特梭利认为，幼儿具有从环境中吸收信息从而建构自己的巨大的吸收力，因此，环境创设在蒙特梭利教育中有着举足轻重的作用。

当我们了解了幼儿的内在成长路径和各个敏感期的需求之后，成年人的重要责任是精心设计一个能够满足孩子需要的环境。幼儿只要进入到这个环境中，就会自然地融入进来，与生俱来的学习热情得到保护，学习力得以展现并强化，学习成果显现，从而让儿童获得心理上的满足和智能上的发展。

这种基于对幼儿的理解而建设出来的环境,被蒙特梭利称为"预备好的环境"。

六岁前的孩子,他的生物属性重于社会属性,需要按照大自然的法则去成长。按照大人的需要构建出来的环境和孩子需要的环境相比差别非常大,所以孩子在生活和学习上就要时时依赖成人的帮助和安排。这会使儿童降为家庭或学校里的二等公民,他们无法过上真正有尊严的生活,无法真正地听从大自然已经设定到基因中的成长需要。蒙特梭利说:"孩子出生后,并没有进入自然的环境,而是直接步入到大人生活的所谓文明环境。这是大人为了自己生活的便利,牺牲自然而建设起来的环境。""孩子们就像外星人,他们无法理解和遵循各种组织化的规则,结果,他们便成了扰乱大人创造的均衡社会的捣蛋鬼。"

所以,好的教育要从教育环境的创设入手。预备好的环境包括物质环境和精神环境。

物质环境最重要的要素,是与幼儿的身高、能力等相匹配。比如将比较轻的家具摆放得让幼儿可以搬得动。让幼儿能自己做的事情就自己做,尽量不需要依赖成年人。而这样的环境,会自然地产生尊重与平等的精神氛围。

物质环境中的另一个重要特征是有序、类别明确、各在其位、满足儿童对秩序感的需求,为整个群体在其中的生活与学习提供和谐、有效率的环境。这同样是减少幼儿对成人依赖的重要因素,让幼儿得以在其中安然地生活学习。

环境的准备和持续性的维护与变化,是蒙特梭利教师的重要工作。教师要在了解幼儿、持续观察幼儿的基础上对环境进行维护和调整。

而在精神氛围的建设上,教师自身以及环境中散发出的爱、平和、安全、稳定、有趣、丰富、秩序、尊重、自由等要素,都使得幼儿能够自然与自发地学习和成长。

值得注意的是,一提到蒙特梭利教育环境,大家就会想到要设置什么样的区域、准备哪些用品、颜色怎么搭配、大小如何、格局怎样等。如果大家把注意力都集中在某些标准上,知其然而不知其所以然,不研究儿童,就会造成教师的死板和孩子的厌倦状态。这也是今天很多教育机构所做的"蒙氏教育"被诟病的重要原因。

二、硬件环境建设

为3~6岁儿童设计的蒙特梭利学习环境分为5个基本区域:日常生活、感觉、数学、语言、文化区域。

1. 日常生活区域

婴幼儿正处在学习如何生活的初期,他们对生活中每天必须经历的吃喝拉撒的各种行为都正处于熟悉和逐渐掌握中,大自然给他们设定的程序就是让他们对自己的基本生活感兴趣,他们对于独自使用各种用具充满了热情,同时也非常愿意模仿成年人的行为动作。

蒙特梭利教育环境为婴幼儿提供了让他们可以自由、自如地去练习各种生活技能的环境和机会。例如,倒各种东西(水、粮食)、切各种食物、清理擦洗、捣、磨、抓、捏等生活技能,根据孩子的年龄,提供不同难度的材料,让孩子们乐在其中,极大地满足了亲手做、亲身参与的心理需求。同时在过程中,他们的手眼协调能力、精细动作都得到了很好的发展。

而日常生活区域,作为婴幼儿最愿意进入的区域,也起到了一个阶梯作用。帮助婴幼儿从家庭环境过渡到学校环境,让他们开始学会把精力集中在一个活动上,学会按顺序从头至尾地做一件事,学会自主选择、自主决定自己的工作流程和节奏,是婴幼儿进入独立生活和学习的阶梯。同时,在这个过程中,幼儿会感受到家庭一样的和谐,在与教师和小伙伴的互动中更加的融入集体、锻炼出社交能力。

日常生活活动与幼儿实际生活有着密切的关联,因此也与社会文化有着密切的关联,所以在全世界,没有标准化的实际生活活动。教师根据幼儿的生活环境和兴趣投放材料、设计活动。例如,在西方是切面包、磨咖啡;在中国,就可以是捣蒜、泡茶。

如果幼儿园的条件允许,可以购进更多与时俱进的生活材料和器具,比如使用比较先进的搅拌机、削果皮机,甚至使用烘焙器具做比较复杂的厨艺活动。但如果条件受限,也完全可以使用更简单的工具,达到良好的效果。而在蒙特梭利小学和中学,实际生活领域包括了更复杂的工作,比如木工、缝纫、刺绣、编织等,甚至包括急救、修理自行车等。

材料投放是否合适的判断标准是,幼儿是否感兴趣、乐于投入其中并达到专心的状态、不知疲倦地重复进行。蒙特梭利在她的著作中曾经提到过一个例子,说一个在"儿童之家"上学的小女孩到一所普通学校参观,发现桌子上有灰尘,就对那个学校的老师说:"您知道您的学生为什么不愿意擦桌子吗?因为他们没有美观的抹布。如果我没有那样的抹布的话,我也不想擦桌子。"幼儿是非常喜欢美好而精致的物品的,美能激励幼儿活动和工作,所以投放的材料是否美观也是很重要的标准。

在普通学校里,给孩子提供的材料专门会选择耐摔的,比如不锈钢碗、塑料杯。蒙特梭利说,如果在孩子生命的最初几年中,他的环境中的物品既不会打碎也不会弄脏,他们就不需要做掌控自己的练习,他们无须注意自己的行为。这使得他们缺少了某种不可或缺的经验。所以,在蒙氏园里,会专门提供一些易碎品:玻璃杯、陶瓷碗等。

2. 感觉区域

蒙特梭利认为,三岁前的孩子用感官无意识地接收各种经验,并将吸收到的混合印象存在潜意识中。而三岁后,他们开始由无意识的吸收逐渐转为有意识的吸收,并将之前吸收的印象加以整理,成为有秩序的知识。所以要给他们创造出有秩序的环境和材料,让他们有机会去分类、对应和统合。

这个时期,幼儿的视觉、听觉、味觉、嗅觉及重量感觉都处于极敏锐的状态,他们需要透过五种感官和本体觉去感知事物。人内在的感觉能力与思维能力组成了智力,儿童正处于智力建构的重要时期,感官的感受性和思维力都正处于建设发展期,有很大的可塑性。接受丰富感官刺激的幼儿会积累大量的感性经验,并且在感知的过程中建立起神经联结,其大脑结构就是在这样的过程中被塑造出来。所以为儿童提供丰富的感官刺激非常重要。另外,儿童正处于直觉行动思维与具体形象思维阶段,做中学、边操作边思考也是必然的学习方式。

玛丽亚·蒙特梭利在前人的研究基础上,通过对儿童的研究,发明了一系列感官操作材料,让幼儿的视觉、触觉、听觉、味觉和嗅觉五种感官得以参与。具有科学家素质的玛丽亚深刻地理解儿童的思维过程,她设计的教具材料具有孤立突出某一特性、从简单到复杂循序渐进、直观到位的展现特质、有无限延展的创造空间等令人惊叹的特点。

感官教育不仅仅是通过教具材料进行,也是蒙特梭利教育的核心理念。对儿童感知与思维过程的认识,使得蒙特梭利教育非常重视儿童亲身体验、亲身经历,并且给出儿童足够的空间与自由自主的时间,从而不干扰儿童的感知和思考过程,保证了儿童智能建构的顺利进行,同时也使得儿童拥有从容和满足的精神状态。

感官教育带给孩子的学习体验和学习能力,都为之后儿童学习人类文明积淀下来的文化知识打下了基础。

3. 数学区域

数学思维与能力,起源自儿童出生之后所接触和进行的看起来与数学毫不相干的活动。蒙特梭利认为,秩序、精确、注意细节和顺序感来源于生活,日常生活活动和感官材料为一个人的数学头脑奠定了基础。

比如系扣子时,一个扣子对一个扣眼;开锁时,一把钥匙对应一把锁,分类、配对、排序、比较的思维过程,都是数学思维的基本要素。

因此,当儿童在日常生活与感官领域积累了相当的经验后,他们的大脑已经能够发现更深层的逻辑关系,而蒙特梭利数学教具则非常生动、直观地把这些逻辑关系呈现了出来。

玛丽亚·蒙特梭利从小喜欢数学,曾就读于工科学校学习数学和物理。她发明的数学教具可以把抽象的数量、进位、加减乘除视觉化、感觉化。儿童通过操作教具,进行的是逻辑关系的感知、推断和呈现,建构起的是思维能力和解决问题的能力。

在蒙特梭利教室中,孩子们不被要求必须学习数学和操作数学教具,他们只会在他们自己准备好的前提下,由于老师及其他伙伴的影响,而自然地走入数学王国。

4. 语言区域

蒙特梭利认为,作为表达工具,以及生活环境中的无处不在,儿童对口头言语和书面语言的吸收、敏感和热情是必然的结果。由于文字具有表达的功能,儿童甚至会先于阅读而对书写感兴趣。

蒙特梭利创造了书写类的教具——金属嵌板,可以让儿童在不觉得困难的情况下描摹不同形状(从圆到更复杂的形状)画线,由此来为独立的书写做准备。另外,在之前的日常生活操作和感官教具的操作中,儿童的手也已经为书写做了大量的准备。

蒙特梭利还为儿童创造了砂纸字母板,这样使得儿童在学习笔画的同时不被自己的精细动作能力不足所限,也就是说不会因不会握笔或者不能自如运用笔,而对临摹文字产生挫败感。另外,这也是学习主题的孤立性的一个体现,儿童通过用手触摸用砂纸剪成的字母的轮廓,把手的触觉运动与视觉、听觉(在儿童摆弄字母时教师读出字母的发音)相联系,从而逐渐地在头脑中形成并记住了字体。

有了这些符号及它们发音的记忆储备,儿童开始通过拼写词汇和句子来表达自己的意图。蒙特梭利发明了活动字母盒,使用于拼音文字,让孩子先学会拼出自己的文字作品,在学会使用笔之后,再用笔书写。

书写的学习同样是遵循儿童自发性的原则,在儿童进入书写的敏感期时,儿童会不知疲倦地书写、创作,绝不是辛辛苦苦地学习书写规则和机械练习。

根据具体儿童的需要和兴趣,蒙特梭利教师还创造了很多能够激发语言能力发展的材料,包括名称卡片、押韵的词或图片、故事接龙卡片、组字图片、同音字组卡片、字图匹配卡片、听写游戏、命令游戏(用图片和单词卡片进行指令)和语法游戏,使用这些材料的目的,都是让儿童的听、说、写、读得到丰富的刺激和练习。

5. 文化区域

四五岁的儿童对于自然和社会开始感兴趣,生活在人类社会中,他们由一个自然之子必然会成长出社会属性。

蒙特梭利教育中对于文化的学习,也是将其融入到环境中,由儿童的吸收性心智自由汲取。

绝大部分文化类教具,也都是蒙特梭利教育者根据本土文化进行设计制作和投放。基本原则与日常生活、感官教具是一致的。

文化领域包含了地理、历史、动物、植物、科学的学习,也包括了美术、音乐等艺术类的学习。

与其他的领域有所不同的是,文化领域可以和其他教育模式融合,例如,与生成式课程、主题式课程的结合。可以与时俱进引入新的教育内容和形式,不拘泥于传统。

第二节 蒙特梭利教育环境的八对要素

关于儿童精神氛围营造过程中,蒙特梭利教育环境建设存在八对要素。

一、自由与纪律

1. 自由的定义

一说起自由,人们通常想到的是,能随心所欲地做想要而且喜欢的事。而哲学家对于自由更精确的定义是:自由是在没有阻碍或者没有限制的情况下,以直接的方式作出正确、恰当的事情。还有一种通俗的说法,叫作"自由不是想做什么就做什么,而是不想做什么就可以不做什么"。

这里所讲的自由是内在真正的自由——心灵的自由。当一个人可以自主支配自己的身体时,我们可以说,这个人的身体是自由的;当一个人可以自由支配自己的思维时,我们可以说,这个人的头脑是自由的;当一个人可以自由支配自己的意志时,我们说这个人的人格是自由的。所以说,能够自主运作不受影响而作出正确的判断,才是真正的自由。

2. 纪律的定义

自由与纪律如同一块铜板的一体两面。当一个人是自己行为的主人,能够认识到自己的需要、他人的需要、环境的需要,出于对规律的把握和遵守,而自主遵守某些准则,能够节制自己的行为并对自己的所作所为负责。这样的纪律是建立在自由基础上的积极、主动的纪律。

为了建立积极的纪律,孩子要有感知自己、他人和环境的能力,有分辨是非善恶的能力。一种良好的积极的纪律不是静止不动的纪律,不是被动的纪律,更不是高压强制下孩子委屈遵从的纪律。人们只有在心灵自由的基础上,才能建立起这样的纪律。

3. 蒙特梭利教育环境中的自由和规则

(1) 做什么——选择工作内容的自由和规则。儿童自由地选择他要做什么、做多长时间、什么时候结束、什么时候更换,包括重复地做,都可以自主决定。规则是,教具在使用完必须要放回原来的地方,取时也要在教具应该在的地方取。如果这个教具不在原本该在的地方,就不要使用。即使这个教具放在桌子上没人使用,因为有可能是使用这个教具的孩子中途离开一段时间;另外一个规则是,只能选择老师示范过的教具。因为孩子若拿了没有示范过的教具,可能会用不适宜的方式使用。

（2）在哪儿做——选择工作空间的自由。儿童可以选择在教室内的某个位置,坐在地板上或椅子上。可以在人群中,也可以选择独处。规则是,儿童需要控制动作、保持安静。他要尽量不出声地移动身体、移动物品。

（3）和谁一起——选择交往伙伴的自由。儿童可以决定要和谁一起工作或者独自工作,可以自由说话。0~6岁正是孩子发展独立个体的阶段,正处在自我发展的阶段,孩子的内在心理层面要被满足。要能够掌握自己,他才愿意去分享和关心外在的世界,才会去发展社会互动关系。所以允许儿童自己选择交往对象和交往频率,对儿童内在发展有益,对他今后的主动社会交往也有益。规则是,说话声音要低,不能打扰正在专心工作的人。如果需要和别人说话,可以将一只手放在对方的肩膀上,表明想要和对方说话。待对方回应后,两人可以交谈。

4. 保障自由的环境

独立——蒙特梭利教育给予儿童更多的自由空间和时间,让儿童拥有很多的自主权,这是建立在对儿童天赋能力的认识,以及儿童生理心理发展规律的认识之上的。蒙特梭利教室中的一切陈设和排列都要以能鼓励孩子们更加独立自主地做事为原则。比如教具要放在孩子们能轻松取放的柜子上。

放松——蒙特梭利环境中的自由,包括空间的自由、时间的自由、选择的自由,从这些具体的自由中发展出儿童内心的自由和思维的自由。这是让儿童拥有轻松愉悦情感并保持旺盛学习力的重要基础。

不干扰——蒙特梭利教室的人均面积要大一些,这样才会有足够的空间让孩子们自由活动时不会打扰到别人。

5. 自由的结果

（1）参与感——儿童感受到自己是平等的被尊重的人,感受到和平、和谐的安全氛围。

（2）自信——对工作积极投入的孩子会表现出极大的热情以及专注力,产生喜悦与满足,情绪会比较平稳与平和。这是自我需求被满足并拥有自信而带来的良好感觉。

（3）责任感——当孩子已经具有自己做自己主人的能力的时候,就表示他已经开始发展他的意志,他已经掌握自己的情绪,进而对自己的行为负责,发展出对外在环境及对他人负责任的态度。孩子以自由、积极、独立的成员身份生活在一个小型真实的社会中。

（4）服从——儿童需要先学会支配自己，成为自己的主人，之后才有能力去执行他人的命令。或者说，此时儿童服从的不是权威，而是规律及需要。

（5）意志力——儿童在自由的环境下自主地选择和判断，不被打扰地做事，完整地完成工作周期。蒙特梭利说：儿童在经历一连串有规律、目标性、协调性的活动的时候，当他已达到预定的目标，他还是有耐心不断重复练习时，他就是在训练意志力，他的意志力就会被培养。儿童必须经过有规律的练习，真正的意志力才能够展现。

6. 规则的建立

对孩子来讲，蒙特梭利教室是一个小型社会。在这个环境中，大多数的时候，孩子会自由选择工作。但是有时成人适当地干预或者是限制、规范，这些限制、规范最后都会发展成纪律。

规范是必需的，如果过多或太严苛地规范，会造成孩子的反感和抗拒，也会让性格柔弱的孩子感到困难而放弃。单纯的顺从或者是依赖别人指挥的孩子，他的内在纪律是非常难建立的。

在蒙特梭利环境当中，规范的制定就是以尊重为前提。

（1）尊重自己——孩子有受教权，孩子有权利要求最好的对待，为维护孩子的潜能发展，成人必须接纳孩子有权利要求老师示范动作。让我们尊重孩子，所以孩子所选择的工作要被清楚地示范过而且正确地使用教材。

（2）尊重他人——每一个孩子的自由是被保障的。所以要尊重他人，不去侵犯他人。要尊重别人工作的权利。

（3）尊重教具与环境——所有的教具和材料都要提供给所有的孩子使用。每一个工作使用过后都要被完整地复原。以最完整的状态呈现给下一位使用者。

7. 自由与服从

当人的意志得到充分发展之后，他会选择遵从他人的指令。这种服从是一种尊重，是心中对优秀、对好的认定。

服从的成长有三个阶段：

第一个阶段：0~1岁的时候，孩子完全无法服从。1~3岁孩子能做到的事刚好是他内在自发的冲动。3~6岁阶段的服从态度不是那么稳定。今天能够服从，明天不见得可以。此时的服从是埋藏在潜意识中的状态。

第二个阶段：6岁以上的孩子已经有能力可以服从，不仅仅可受自身意志力的支配，而且也受他人意志力的引导。孩子的服从度已从潜意识的状态跳升到有意识的层面，所以有意识的特性会出现。

第三个阶段：乐于服从。

服从的能力是意志力的最高发展。孩子在教室内经过有规律性工作的引导以及常规的学习,慢慢内化之后会有服从性的出现。这个中间,孩子是有理性的了解。服从是自发的,他才会按成人的期望去做。因此成人自己必须谨言慎行。成人不一定要表现得充满自信,但必须要有强烈的责任感。

8. 成人的角色

在自由与纪律上,成人扮演着一个很重要的角色。

(1) 教师在教室有一定的权威,但不是压制孩子的力量。这个权威是激励孩子、鼓舞孩子的力量。是谦虚、包容孩子的胸怀。

(2) 对孩子要有信心,有耐心引导孩子,使孩子慢慢地学习适宜的行为举止。

(3) 用正面的语言和示范的方式引导孩子。

二、结构和秩序

蒙特梭利教室内,物品按照固定的顺序摆在多层架上,从简单到复杂,很有秩序。孩子可以在固定的地方拿到自己想要找到的东西。各种教具所在的区域,按照不同的学习区域划分。而活动的流程,保持着稳定有序的节奏。教师的语言行为,也透出简洁明了、精确的讯息。

1. 时间、空间的秩序

每天的作息时间基本固定,儿童可以预期到自己一天里的各个环节,也很明了教室内的各个区域的功能、物品摆放。这是儿童对幼儿园有安全感和归属感的重要条件。每个孩子自己还要有一个固定的存放个人物品、作品的地方。

2. 流程和规律的建立

教具和各种生活学习材料的设计与投放遵循方便、完整和实用的原则。每一项投放出的材料,儿童都了解其用途和使用方式,并且按照一定规律(由简单到复杂、从熟悉到不熟悉,从个头大到个头小)的顺序编号和摆放。有规律的摆放,既符合儿童对环境的熟悉与认知需求,也可以使儿童建立一个清晰的内在秩序,这是儿童自律的来源。

3. 教师自身的条理性和清晰度

教师自身的语言与动作具有重要的示范意义,简洁明确且层次分明的语言与动作,可以让儿童清晰感知规律。因此在蒙特梭利教师的培训与培养过程中,教师会学习并演练语言模式与示范动作等。但不了解其真实内涵的培训师和教师会朝向刻板僵化的方向,并误导了社会对于蒙特梭利教育的理解。

三、真实和自然

1. 对真实世界的认识热情来自于本能

从进化论的角度来看,儿童的学习热情来自于他们需要尽快适应生存环境的先天动力。所以儿童对于真实的生活、真实的世界有着强烈的好奇心。三四岁的孩子,其心智仍拥有心理胚胎的吸收能力,他不知什么是疲倦。他的双手成了理解事物的直接器官,此时的发展主要凭借双手的工作而不是双脚的漫游。这个年龄的孩子能持续地玩耍,如果双手不停忙碌的话,他便如鱼得水般快乐。成人称之为幸福的游戏年代。市面上也设计了许多玩具来迎合孩子活动的需要,结果他被塞满了许多无用的玩具,而不是有助心智发展的工具。

现代心理学也证明,儿童的学习形式是运用他们逐渐被开发出来的感官,去积蓄大量的直接经验,并建立起丰富的神经通路。而他们的抽象概括能力是随着神经发育的成熟以及感知经验的积累慢慢形成的。所以,在儿童的学习环境中,让他们感知真实世界,亲身体验,亲身经历,是最需要也是最有价值的。

这一原则,最初体现在日常生活教育中。孩子们真实地参与到照顾自己、照顾环境、与他们共处的生活中,而不是被隔离在成人生活之外,或者总要去看假想的图书故事、玩象征性的玩具、使用假扮的替代品。

真实与自然还体现在,当儿童对自然世界和人类社会感兴趣时,让孩子到大自然和社会中,尽可能感知到真实的事物。这一点,与当今主流教育模式中的发展趋向是一致的。

2. 真实与虚幻

过去蒙特梭利著作中一再强调的"要避免儿童陷入到虚假想象中",曾被专家学者以及教育者们质疑。因为在儿童期,儿童常常会在真实与想象的两个世界里来回穿梭,这是儿童的心理特征,也是应该被成人尊重的领域。成人若想与儿童交流,采用童话、假扮等形式,既遵循了儿童在某一个时期的认知与情感需要,又与儿童的心灵之间搭建了桥梁。

那么,玛丽亚·蒙特梭利对于幻想游戏的诟病的初衷是什么呢?从她的著作中可以看出,她其实是对于成人以为儿童什么都不懂不会,用欺骗和逗弄的方式,将儿童置之于真实生活之外的批评与纠正。

【相关阅读】

蒙特梭利对真实生活的论述

孩子想触摸每一件东西，但成人只给某些东西，而不给其他的。水可以玩，但只能一点点，因为水会弄湿衣服。水和沙会把衣服弄脏，要麻烦大人洗。给他玩过家家的玩具，有小厨房、小屋子、玩具钢琴等，都不是真正能用的东西。他们看出来孩子想学大人一样做家事，可是给的东西又不是真的。

没人陪的孩子，父母会丢给他一个假人——洋娃娃。洋娃娃可能比难得陪他的爸爸、妈妈实际一点，但洋娃娃不会讲话，也不会回报他的爱，只能勉强地作为与社会接触的代用品。玩具变得渐渐重要，人们认为玩具有助于孩子的智力发展，但问题是孩子很快就厌倦了，又要新玩具。孩子有时故意把玩具弄坏，人们以为他喜欢把东西折成碎片，或有破坏欲，但这是人为造成的性格，因他没有适合的东西可以摆弄。孩子不会很喜欢这些玩具，因为它们不是真的，所以孩子变得无精打采，不能专心。

这个时期的孩子有意且认真地要在各方面模仿大人，可是这种努力总是被否定，使他不得不走向偏差。越是高度文明的孩子越可悲，生在简单社会的孩子就平和、快乐得多，可以自由地使用周围的东西，因为那些东西不是那么昂贵，不用担心会打破。母亲在洗衣、烤面包时，孩子也可以在一旁参与，如果找到适合他的事，就能为自己准备生活。

如果给孩子依其身材比例制作的东西，容许他学着大人一样操作，他整个性格就会变得平和、满足。他不在乎生活环境里不常有的东西，因为他的玩耍是要让自己适应所处的世界，大自然赋予孩子天然的乐趣就是享有完成事物的快乐。所以，"新的教育方式"是提供合乎孩子力量、尺寸的东西，以引起他们活动的兴趣。好像成人在家或在田间工作的方式一样，孩子也应该有属于他们的家和田园。不需给他们玩具，要给他们一个家，给他们可以用小型工具耕耘的园地；不用给他洋娃娃，要给他一群同伴，让他们去体验社会生活。

一旦这些障碍除去，把虚假的玩具扔在一旁，给他真实的东西，他的反应可能出乎意料。孩子会出现不同的人格，坚持他的独立，拒绝帮助。他清楚地表示要独立做事，而使母亲、保姆、老师都感到惊讶，成人只能在一旁作观察者，现在孩子成了环境的主人。

借助于周围的环境和各种辅助物生存是儿童的自然倾向。他们愿意用自己的脸盆，自己穿衣，自己扫地，给一个活生生的人梳头；他们愿意有与自己相配的椅子、桌子、沙发、衣夹和食橱。他们的愿望是：凭借自己的双手以达到某一智力水平，并让自己有一个舒适安逸的生活。他们不仅在"行为方式上像成人"，而且还努力将自己"塑造成人"。这既是他们的天性，也是他们的使命。

四、美和气氛

由于蒙特梭利强调儿童巨大的无意识吸收的能力，因此围绕在儿童身边的环境与气氛都是非常重要的。

1. 向孩子发出召唤的环境

活动材料的整洁、美丽、打动人心的质感，儿童天然地具有吸引力，可以调动起儿童自发的积极反应。比如教室里的家具、教具材料，尽量使用比较优质的材料。年幼的孩子不需要培养，天然地会对质感好的材料产生喜好之情。因此，日常生活材料里的明亮、透明、有重量的玻璃、陶瓷制品，感官教具里厚实、光滑、细腻的木质品，都会吸引着孩子带着愉悦去碰触它们，并会小心地取放和使用。

在今天的主流幼儿教育环境创设中，废旧材料的利用、教师自制玩教具占主导，这些材料常常使用一次性纸制品或单薄的塑料制品，材料本身的吸引力下降，孩子们不重视、不珍惜的现象就很突出，这些都会影响到儿童对活动的投入程度。

2. 吸收美才能创造美

除了美之外，蒙特梭利还提倡整个环境中还要平和、安定，有和谐生动的气氛让儿童得到滋养。因此教师从语言到动作，甚至衣着服饰透露出的信息，都值得注意。环境中的美好，可以使孩子们成长为具有生活情趣和精神追求的人。

五、有目的和次序的教具

识别一个教室是否有蒙特梭利教育特征，最直观的是看是否具有蒙特梭利教具特征的材料。

1. 套系清晰、目标明确的教具

所谓的蒙特梭利教具特征，是指教具材料按照不同区域，套系感明显，也就是说多数教具是根据其使用目标被配成一套一套的，使用托盘或各种容器予以收纳和整理，使儿童一次取用一套完整的材料,以帮助他顺利操作某项"工作"。

2. 教具是引领者

教具材料的意义,不仅仅是让孩子学会某些知识和技能,更重要的是让儿童通过成功的操作,获得一种自我满足、自我控制感以及对环境的掌握感,并由此产生自主与自信。

3. 教具设计的科学性

在教具材料的设计原则中,有两个非常明显的特征,一是每套材料都突出某个特定的概念或难点,二是尽量设计出对错误的控制,可以让孩子控制活动的过程与结果。

突出一个难点,是为了将注意力集中在关键概念上。例如,粉红塔由10个大小不一的立方体组成。每个立方体除了大小不同外,其他特征完全相同,这就使儿童把注意力集中在"大小"这个特征上,而避免了不必要的混淆和干扰。所以,现在很多商家生产的玩具在设计时强调多功能和综合性,使用多种颜色,增添字母、数字等方式,其实反倒会产生很大的无关刺激,而导致不必要的分心。

4. 好的教具能培养孩子的独立

关于控制错误,蒙特梭利认为,让儿童自己意识到错误,是学习过程中非常有意义的部分。对错误的感知促使儿童仔细观察、分析现有的学习经验。蒙特梭利将错误控制设计到学习材料中,为儿童提供活动的反馈。儿童自己能看明白材料提供的反馈,并且能对这些反馈作出解释。通过材料控制错误,可以使儿童运用自己的推理能力、批判能力,以及不断发展的区分能力。

而更重要的一点是,控制错误将儿童从依赖成人的反馈中解放出来。儿童不会因成人给予的不公平的评价而损伤自尊和自信,也不会将注意力外移到成人的态度上。儿童的独立性再次得到了切实保障。

以教具插座圆柱体为例,这种材料是一些实心木质圆柱体,每个圆柱体对应一个相同大小的洞穴。儿童找相应的插座与圆柱体一一对应。如果圆柱体无法放进去,或者是放在一个过大的洞穴中里,儿童会在观察和实验的过程中发现错误,并逐渐发现这个教具所展现出来的内在规律,比如一一对应、大小、粗细、高低等特征。在儿童自己真正的领悟和发现规律之后,再使用彩色圆柱体——没有洞穴控制的圆柱体,由于儿童已经有了前者的经验,可以不必再依赖洞穴的控制,就能够观察和发现圆柱体本身的特征。

5. 教具的意义不仅仅是认知

蒙特梭利观点:神经、肌肉和身体运动、认知发展之间有密切关联。这种观点如今已经被脑科学研究所验证。

在蒙特梭利教室里,儿童主动参与操纵学习环境时要做的事情,包括抬东西、搬运、维持平衡、堆东西、倒水、打扫、装配、度量各种物体。运动和感知学习的整合,有助于将活动或概念印刻在儿童的肌肉记忆中,为儿童提供机会,发展运动控制能力,儿童由此学会了协调、平衡和改进整体肌肉活动。

蒙特梭利课程的进度并非是由老师自己制订并安排的,而是在提供给儿童学习材料之后,由儿童自己选择和进行。课程的目的也不是学习知识,而是为了让儿童获得成功和独立性。因此,教具材料作为引发儿童兴趣、引导幼儿建构的重要媒介,在这个课程当中起到了至关重要的作用。

6. 教具的维护

为保持儿童对于教室以及学习内容的新鲜感,配合儿童在各区域的学习状况,学校要定期增加新的学习材料。另外,蒙特梭利教室中的设备和材料还要完整和齐全,可以保证儿童的工作过程的顺利流畅。

六、沉静的教师

放空自己的教师,心中才装得下孩子。

蒙特梭利认为,教师必须沉静。这种沉静,指的是一种空白、无阻碍的状态。用禅宗的说法,是空性;用心理学的说法,是保持中立。这种沉静,由心灵的谦虚和理智的纯洁组成,是理解儿童必不可少的条件。蒙特梭利提到她的第一所"儿童之家"之所以能成功,与那些孩子们的父母是文盲、教师是毫无野心和先入之见的普通劳动妇女有关。这种沉静,是内心清晰的源泉,可以使教师保持敏锐于当下的观察力,真正看到儿童,用自己的全部身心陪伴儿童,并产生出创造性的互动。

1. 隐形的教师

教师必须沉静还有另一层意义。为了让儿童清晰地感知到自己和环境,按照自己的节奏进行活动,教师常常需要做隐形人,不用自己的态度干扰儿童。在此,我们可以想象一个五星级酒店的侍应生,我们不会见他在酒店里大声说话或随意走动,但在客人需要的时候一定能找到他,并且得到帮助。蒙特梭利教室中的教师就是这样,沉静地观察,等待儿童需要的时候及时出现。

2. 蒙特梭利教师与普通教师的不同

如下表。

	蒙特梭利教师	普通教师
学习进度	创设环境、投放教具材料,让儿童的自发成长节奏得到展现,之后根据儿童的需要制订出个性化的教育进度	根据教材和教学大纲制订出学期教学计划、月计划、周计划、日安排。强调共性,易忽略个体差异
教室中的位置	在教室中教师尽量处于隐性位置	在教室中教师是中心、是焦点
教师的角色	陪伴者、合作伙伴、引导人	指挥官、教导员、权威、法官、看守、导演、演员、饲养员
情绪状态	心境平和、专注宁静、安详优雅	饱满积极、说话多、评判多,精力消耗厉害,情绪易波动
教师的注意力焦点	关注儿童的情绪、行为,以觉察儿童的内在需要	关注全班的整齐统一,调动和吸引全体孩子的注意力在自己身上
对儿童的态度	平等对待每一个儿童,尊重不同孩子的不同需要。有时间和精力关注到需要协助的孩子	因需要以引发比较和竞争,树立自己的权威,自觉与不自觉地会偏爱和偏袒某些孩子,贬低和压抑另一批孩子
准备教具材料	教室里的教具材料成系统,只是根据情况更新和补充	每次活动要为每一个孩子准备材料,因繁琐繁重的工作量而使教师不容易或不会精心做好每次活动的材料准备

3. 传统教师可能已经形成的偏见

(1)教师可能认为他应由简单到复杂,由易而难渐进引领孩子,然而孩子可能喜欢先难后易,甚至有时是跳跃的。

(2)教师的另一个偏见就是对疲劳的看法。当孩子兴趣浓厚的时候,是不会觉得疲累的,可是教师每几分钟就要他们换种方式并休息,反而使他们失去兴趣,并感到疲累。

一般从师范学校毕业的教师,根深蒂固地持有这些偏见。中小学和大学也都持这种偏见,认为每45分钟就应休息一下。

（3）教心智活动与身体活动当成两回事,认为智育的课程就应安静地坐在教室里面,身体活动就把心智摆在一边,这等于把孩子切成两半。自然显示:孩子不用双手会使工作无法思考,甚至他还需不停地走动,动作与思考同时进行。

4. 蒙特梭利对教师的要求

（1）教师必须系统地研究自我,使自己内心做好准备,这样他才能消除根深蒂固的缺陷,这些缺陷会妨碍他跟儿童的关系。为了发现这些潜意识的弱点,我们需要一种特殊的教学。我们必须像其他人看待我们那样来看待我们自己。

教师必须一开始就研究他自己的缺陷,以及他自己的坏脾性,而不是过分地迷恋于"儿童的脾性",迷恋于"纠正儿童错误"的方式,只有先清除自己眼中的沙粒,才能清楚地知道如何消除儿童眼中的尘埃。

发怒在它的原始状态意味着相当程度的肉体暴力行为,但是,它也可以用更精细的、巧妙的方式表达出来,这种方式掩饰了发怒的真实特征。对儿童发怒常是对儿童抵抗的一种恼火,但它不久就跟傲慢相混合,在面对儿童要表现自己的微弱企图时,这种发怒就发展成一种暴虐。

暴虐蔑视商议。它用得到认可的权威这堵不可穿越的墙把个体包围起来。成人凭借被认可的自然权力来支配儿童。对这种权力的怀疑,就等于对一种神圣不可侵犯的统治权的攻击。就好像在早期社会里一个暴君代表上帝,对儿童来说成人本身就是一种神圣,他完全是无可争议的。儿童必须保持沉默,使自己适应于一切,而不是不服从。

儿童应该尊重长者,但成人声称他们有权裁决,甚至冒犯儿童。成人指导甚至压制儿童的需要,儿童的抗议被看作是一种危险的、不能容忍的不服从。

成人采取原始统治者的态度。这些统治者从其臣民那里强征贡物,但臣民无任何申诉权。儿童相信所有的东西都是成人的,这些儿童就像那些认为他们所拥有一切东西都是国王恩赐的礼物的人一样。他们扮演了救世主的角色,傲慢地认为他们对儿童的一切都负责。他们使儿童善良、虔诚、聪明,使他能跟环境、人和上帝相接触。为了使这幅画面更完美,他们拒绝承认施加了任何暴虐。难道会有暴君承认他折磨过他的臣民吗？

如果谁想根据我们的体系成为一位教师的话,他必须检查自我,摒绝这种暴虐;他必须去除内心的傲慢和怒火;他必须学会如何使自己谦恭,并变得慈爱。这些就是他必须获得的美德,这种精神的预备将给予他所需要的平衡和沉静。

另一方面,这并不意味着我们完全避免评价儿童,或者我们必须赞成他所做的每一件事。但是,我们必须谦虚,根除潜藏在我们心中的偏见,我们必须抑制可能会阻碍我们理解儿童的那种成人所特有的思想观念。

儿童不能保护自己免遭我们的侵犯,接受我们对他们所说的任何东西。他们不仅接受虐待,而且,每当我们责备他们时,他们总会感到有罪。

(2) 一个教师应该经常对儿童的困境进行反思。儿童并不能用他的理性来理解不公正,但他会感知到某件事错了,并变得抑郁和心理畸形。出于对成人的怨恨或轻率行事,儿童无意识的反应就是拘谨、说谎、无目的行为、无明显理由的叫喊。失眠和过分的恐惧表现出来,因为他还不能用理性来领会导致他抑郁的原因。

如果儿童表现出某种抵抗,这种抵抗很少是直接的,乃至是有意识的对成人行为的一种反应。它实质上是儿童竭力保护他自己心灵的完整,或者是对压制的一种无意识的反应。

只是随着时间的流逝,儿童才能学会如何直接反对这种暴虐。但是,到那个时候,成人也学会如何用更巧妙的方法征服儿童,使他相信这种暴虐完全是为了他好。

5. 蒙特梭利教师守则(由玛丽亚·蒙特梭利制订)

(1) 除非你被孩子邀请,否则永远不要去碰孩子。

(2) 不管孩子在不在场,永远不要说孩子不好的地方。

(3) 把心思放在加强和帮助孩子好的方面,那么他坏的一面就会有越来越少的空间出现。

(4) 准备环境要积极主动。要不断地一丝不苟地照顾环境。帮助孩子与环境建立有建设性的关系。给他示范教具所应该放置的位置,给他示范教具的正确使用方法。

(5) 要随时准备好孩子发展的需求,并且要随时聆听和回应孩子的呼吁。

(6) 尊重孩子做错事,相信他们能够自我修正。但是对任何伤害环境、伤害自己和伤害他人的现象,都要坚决制止。

(7) 尊重孩子选择休息、观看他人工作、考虑自己做过的事或者即将要做的事,不要打扰他或勉强他做任何活动。

(8) 协助那些在寻找工作但找不到工作的孩子。

(9) 要不厌其烦地为孩子示范他先前不愿意做的工作,以帮助他克服困难,学习尚未熟练的技能。为了达此目的,必须准备一个生动活泼、充满关爱、有明确规律的环境,配合以柔和的语气和态度,使孩子时时感到支持与鼓励。孩子寻求帮助时随时准备好出现,有时候也要把自己隐藏起来。

(10) 以最和善的态度对待孩子,并将你最好的一面自然地呈现出来。

6. 一位蒙特梭利教师的画像

"她对班上儿童的态度,一言以蔽之,便是'尊重'。她对儿童们的尊重、信任与耐心,就好像那些儿童们所负担的是最严肃的责任,而且他们也有足够的能力去尽到他们的责任。当然,在传统的教育中也有人空谈对儿童的尊重,不过我在这个班上看到的是我从未见过的现象。罗丝哲老师好像真的成为儿童肚子里的蛔虫,她可以准确地知道儿童心中因遭到冷落而产生的委屈,也知道他因为无法表达需求而产生的挫折感。她相信儿童有能力将自己的需要说出来,因此,她随时注意倾听儿童的反应。不论她在照顾某个儿童时是多么的专注,她都能留意到其他儿童的动静,而随时保持着警觉性。有一位在参观过她的班级之后说:'天哪,她简直像是连后脑都长了眼睛一样。'"

"她从来不使自己与孩子们形成对立抗衡的局面,也绝不让自己显示出'是听你的,还是听我的'那种权威。因为在对立场面中永远是儿童吃亏,而这种结果自然会使儿童的自尊心受损。罗丝哲老师善于运用温和的方式,并且经常成功地借着儿童们的想象力与戏剧感来引导他们。当教室里的秩序濒临混乱时,她会闭上眼睛,或是关上灯而装成如一具雕像的样子,就这样安静地让儿童们恢复注意力,冷静下来,观察四周的环境。"

——摘自安吉丽娜利拉德《蒙特梭利——天才背后的科学》

7. 蒙特梭利老师应具备的能力和素质

(1)对儿童有天然的关心和爱;
(2)愿意去观察和研究儿童和教育;
(3)有自我成长的动力和学习精神;
(4)有平和的心态和自我情绪调整的能力;
(5)懂得蒙特梭利教育的原理和教学法;
(6)懂得操作和使用教具;
(7)具有为儿童设计适宜环境的综合素质。

8. 蒙特梭利教师工作标准

(1)说话
柔和亲切,简单扼要,概念准确清晰;说话时注意力集中,使用正向语言。
(2)动作
示范缓慢、分解,步骤清楚;教师自己时时遵守教室规则:归位、轻声、等待等。

(3) 耐心

给幼儿反复练习的机会；等待儿童按照自己的节奏活动；允许孩子做得慢、做不好，不直接纠正错误。

(4) 尊重

不强拉儿童的身体和衣服；除了必须遵守的规则，不强迫幼儿做事；多使用描述性语言，避免用自己的标准评判孩子；能够积极聆听和共鸣。要反应灵敏，对孩子的呼唤和求助迅速回应；在孩子没有明显求助时，尽量让他们自己做事情；对于那些停下来休息、观察别人的孩子，不要劝告、强迫他们工作。

如果我们过分热情或者用夸张的动作给儿童示范如何做某些事情的话，儿童自我思维和判断的能力就会受到压抑。

七、幼儿的交往与独处

很多人认为，蒙特梭利教育推崇独立性和个人发展，他们看到儿童在很多情况下是独自地工作，因此而认为蒙特梭利教室里缺乏社会交往。

1. 更多的社交机会

但其实，相比较集体教学为主的教育环境，蒙特梭利环境中有更多的社会交往的场景。儿童从教师领导的集体教学中解放出来，参与到教室的管理当中，习惯与同伴交往、合作，观看别人的活动，操作材料时给别人提供帮助，或寻求别人的帮助，有了更多的分享与交流的机会。儿童的自由、自主，正是他们未来进入社会时所需要的基本状态。

2. 生活在清晰的规则和界限中

相比较集体教学为主的教育，蒙特梭利教育更接近于民主社会。从小的生活环境中就有规则意识、平等意识的人，长大就能成长为一个既独立又有界限和原则的、负责任的人。

3. 混龄生活环境

蒙特梭利教育实行混龄教育，教室中有三个年龄段的孩子。为年龄大的孩子创造给小孩子做榜样、支持帮助小孩子的机会，为他们提供了更多做领导者的机会。而年龄小的孩子，则可以从大孩子身上学到很多，并在教室中不仅可以依赖教师，也可以寻求大孩子的帮助和支持。

在中国的独生子女或少子女社会里，混龄教育为孩子提供了一个更加符合自然天性的成长环境。每个孩子都有机会享受当小孩子时的被照顾、跟随、模仿、示弱等，也都有机会在长大后作为带领者、照顾别人的人、老师的小助手。多种身份多种情感经历，带给儿童更多的经验,增强了他们的适应性,这是高情商的来源之一。

八、爱与平等

孩子们为什么需要爱和平等?蒙特梭利在她的著作中向我们列举了下面这些事实。

1. 孩子对成人言行的敏感和服从

有一个小孩把拖鞋搁在床上,他的妈妈生气地跟他说:"不能这样,拖鞋很脏!"然后一边生气,一边用手在床单上把灰尘拍掉。经过这件事以后,任何时候这个孩子只要看到拖鞋,就会对着拖鞋说:"好脏!"然后跑到床上拍灰尘。

从这个例子中我们可以看出,孩子对成人行为非常敏感,非常容易受到成人的影响,成人所做的每一件事、说的每一句话,都会嵌进孩子的脑海里。

2. 孩子是成人爱的导师

成年人总是说,爸爸、妈妈和老师是多么的爱孩子。而对于孩子爱他人,则认为必须教导和教育孩子,好像只有接受了教育的孩子才会懂得爱别人。蒙特梭利发问:谁会担当起教孩子"爱"的导师呢?是那些老是把孩子的活泼好动当成不乖的人吗?还是那些只会惩罚孩子的人?

蒙特梭利举了大量的例子,让成人们回忆起,孩子们是多么懂得爱。他们向整个世界表达着爱:热情地关注周围种种、依恋身边的成年人、废寝忘食地感知与体验等等,这些都是爱。而且,正是孩子的到来,唤起了成年人心中更深刻的爱。那爱化为动力,让成人重新看待世界、建设世界;让成人自我再次成长,甚至让成人愿意牺牲自己来保护孩子。所以说,孩子是成人爱的导师。

3. 带着尊严感的学习

蒙特梭利在教孩子生活常识时,发现了儿童喜欢有尊严的生活。有一天,她教孩子们怎样擤鼻涕。她给他们示范了用手帕的不同方法,还指导他们怎样能做得不引人注目。她尽可能轻地擤着鼻子,儿童们凝神注视着她,在她结束示范后热烈鼓起掌。蒙特梭利被孩子们的热烈掌声触动了,她有些迷惑,不知这些孩子的热情从何而来。后来她分析道,儿童从没有见到过大人如此郑重的示范,学习有美感、有尊严的生活方式。当蒙特梭利这么做时,儿童感受到了自己的个人尊严感。

所以在蒙特梭利教育环境中,教师表现出对各种物品及动作的重视和精心,显现出神圣与庄重,这吸引了孩子,使得他们也尊重自己、环境和他人,并营造出宁静祥和的学习氛围。

【摘录】

孩子是成人爱的导师

　　你是否注意到,当孩子睡觉的时候,一定要他爱的人陪伴在身边。可是孩子所爱的那个人却自以为是地认为:"这种无理取闹的行为一定要予以制止。如果孩子睡觉的时候我们还陪在他身边,一定会把孩子宠坏的。"

　　还有谁像孩子一样,连我们吃饭的时候都那么想和我们在一起?等到将来有一天会叹息:"现在可没有人在睡觉前还哭着要大人陪他,每个人在睡觉前只想着自己,只记得今天发生了什么事,就是没有人想到我。"这将是多么悲哀啊!只有孩子每天晚上都记得说:"不要走,陪我嘛!"我们可不要失去了人生这一不复再来的机会。

　　有时候,孩子一旦起来,就会把还很想睡觉的爸爸妈妈叫醒,类似这样的事情让家长抱怨不已。实际上,每个人和这个溜下床的纯真孩子做一样的事才对。太阳出来的时候,大家就应该起床了,但是做爸爸妈妈的却还在睡。孩子早上来到爸爸妈妈床边,好像是在说:"爸爸妈妈起床喽,我们一定要学习过健康的生活,早晨已经在向我们招手了呢!"孩子并不是想当老师,他看着父母,是因为爱他们。早上一起来,孩子就不由自主地想跑到他爱的人身边。孩子也许走得跌跌撞撞,经过还没有什么光线的房间,但是孩子一点也不怕黑黑的影子。他拉开半关的房门,走到爸爸妈妈身边,轻轻摸他们的脸。爸爸妈妈往往会说:"不要在早上把我吵醒。"爸爸妈妈还是会找别的方法来教训孩子。想一想,在我们的生命中,有谁一睁开眼睛就想和我们在一起的?有谁那么不怕麻烦,只因为想看看我们、亲亲我们,而特别小心翼翼地不把我们吵醒?这样的事在生命中又能够发生几次呢?而我们做大人的竟然觉得,孩子如果有此类坏习惯,一定得想法给他改过来。

　　孩子一清早醒来,爱的不仅是亮丽的早晨,他们爱的还有老是睡过头、总是浑浑噩噩的爸爸妈妈。孩子的到来给了我们一个全新的开始。孩子唤醒我们的感觉,用我们不懂的方法让我们保持清醒。孩子用和我们非常不一样的方式,每天早上出现在我们面前,他好像是在说:"你看,你可以过另外一种健康的生活,你可以过得比现在更好。"

　　我们本来可以过得更好,只是人很容易有惰性。孩子是可以帮助大人上进的人。如果大人不愿意去尝试,就会招致失败,以致变得慢慢顽固起来,最后处于麻木不仁状态。

第三节 蒙特梭利教具的特点及使用原则

看到种类繁多的蒙特梭利教具,有些人把它们当成教师教学的辅助材料,而有些人则把它们当成玩具,与积木、洋娃娃、玩具汽车是一个功能。

对"教具"一词,玛丽亚·蒙特梭利本人曾表示,她不喜欢这个名称,她更喜欢叫它"工作材料"。

而对"玩具",蒙特梭利更有她的认识:孩子对一些我们认为他们应该会喜欢的东西,比如说玩具,并不太感兴趣,孩子们总是想挣脱大人的控制,希望每一件事都能自己动手。除非是真的需要帮忙,不然孩子们就会表现出很明显的倾向——不想让大人插手。孩子们是那样安静、专注地投入到他们的工作中,那种专心、平静的神情真是令人惊讶!

蒙特梭利并不是为了配合教师传授知识而发明这些材料的,她是为了那些孩子的内在需要,为了孩子一直在寻寻觅觅、感知世界的双手。蒙特梭利教育的工作材料最大的意义是符合儿童的兴趣,并能引发儿童的专注力,是让孩子"自我教育"、"自我启发"的媒介物。

也正因为如此,蒙特梭利对于教具的创造和发展保持着非常开放的态度,她从不认为蒙特梭利教育就是她在世期间所塑造的那个样子。她赞同在研究儿童基础上的、与社会环境与时俱进的教育创新和改革。蒙特梭利教具至今已有三百多种,有很多是由后人发展出来的。

但她根据儿童心理与智能发展的研究,提出了教具的研发和使用的原则。

一、蒙特梭利教具的原则

(1)错误控制。蒙特梭利认为给孩子设计的教具尽量要有"错误控制"的功能,也就是能让孩子自己发现自己做错了。比如"扣纽扣",如果扣错了,最后就有一个扣眼空着。有这样功能的教具会让孩子关注精确性、练就观察力。同时也能让幼儿摆脱对成人评价的依赖或担忧,让孩子自己把握节奏。

(2)孤立化。幼儿还无法接收复杂、综合的信息,当教具同时存在多种挑战时,孩子就会失去努力的意愿。所以,教师要将复杂、共存的困难分解成各自独立的困难,让孩子

——去克服。比如形状、颜色都一致,只突出重量。

(3) 被具体化的抽象。分析具体物品中的某一种属性,将这种抽象的属性加以整理以凸显出来,让孩子观察到。比如色板,就是抽出颜色的属性。粉红塔是抽出"大小"的属性。

(4) 幼儿独立操作。蒙特梭利教具是引发幼儿的自我建构、自我探索、自我教育的工作材料,不是辅助教师上课的用品。所以教具的设计要方便幼儿独自操作。

(5) 从简单到复杂,从具体到抽象。

(6) 重量与大小应符合孩子。

(7) 秩序性。

(8) 美观。

二、教师展示教具的原则和注意事项

(1) 展示前双手相握不讲话;

(2) 孤立和突出;

(3) 取教具和摆放教具的顺序:从上而下、从左到右、从小到大;

(4) 双手端平,轻拿轻放,尊重教具;

(5) 控制时间:展示一组教具控制在20分钟之内;

(6) 展示教具时孩子坐在左边,避免镜像教学;

(7) 克制无关的动作;

(8) 克制无关的语言;

(9) 操作过程中不要去组织纪律;

(10) 展示过程中动作要慢,让幼儿看清每一个环节;

(11) 步骤要正确,动作要坚决;

(12) 运用三阶段教学;

(13) 遵循从易到难、从简到繁、从具体到抽象、从集中到分化的原则;

(14) 展示过程要抛开自己的个性;

(15) 展示教具可采用个别展示和小团体展示。

三、幼儿使用教具的原则

(1) 尊重:轻拿轻放、一个一个地取放;

（2）不把教具当玩具玩；

（3）归位：使用完收拾好，放回原位。

第四节　三段式教学法

一、认识三段式教学法

三阶段教学法来自塞根的"课堂三步论"，是幼儿学习实物及其名称的方法，通过对物体的命名、辨别、发音三个阶段，使用幼儿能记住物体名称（概念）的物品。通常是在有两种以上的物品才可进行。

蒙特梭利认为："孩子们很难从这些让他困惑的词语里，简单明白地分辨出哪个才是大人要告诉他的主要内容。"因此："话说得愈少，教学效果愈好。"

二、教师教学语言三原则

老师在教学的时候所用的语言要有下面三个原则：

（1）简单。例如，教三角形时摸一下说出形状就好。不必说角、边的概念。

（2）客观。教学前不要加入太多个人经验、感觉。以免孩子用"我们"的方式来看事情。

（3）正确。指的是发音要正确，名称要正确。以免因不正确的发音影响孩子正确的学习。

三、学习三阶段的次序和具体做法

学习三阶段的次序和具体做法，按以下的次序进行：

1. 命名

把实物（或感觉）与名称联系起来。一次给予孩子最多三样有共同感觉特性的物品。

【例1】三支不同颜色的笔，告诉孩子："这是红色的笔，这是蓝色的笔，这是黄色的笔。"

【例2】将粉红塔最大与最小的两个立方体放在幼儿面前,告诉他:"这是大的,这是小的。"

【例3】将三个数棒放在工作毯上:"这是一,这是二,这是三。"

老师对每个物体分别命名后,让孩子跟读。

2. 辨别(指认)

帮助孩子加强记忆物品和名称之间的关系,核对第一阶段的学习效果。

【例1】让孩子分辨红色的笔在哪里?或是请孩子将蓝色的笔传递给你。

【例2】粉红塔,询问幼儿:"大的在哪里?小的在哪里?"

【例3】数棒:"请递给我1","请指给我2","请给我3"

3. 发音(确认)

确认幼儿已经掌握名称。

【例1】指着红色的笔问孩子:"这是什么颜色的笔?"由孩子说出名称。

【例2】指着最大的粉红色立方块问幼儿:"这是什么?"指着最小的方块问:"这是什么?"

【例3】数棒:"这是几?"

小心: 要避免成人把这种方法演变成为一套考试的系统,太过于严肃或形式化的使用三阶段教学法,很可能会让孩子觉得厌烦、恐惧,而丧失它的效用。

第五章　蒙特梭利教育内容

> 在我们的教育方法中,我们必须做到的第一步,就是唤醒孩子们:唤醒他们的注意,唤醒他们内在的生命,唤起他们对生命的激情。
>
> ——玛丽亚·蒙特梭利

第一节　日常生活练习

一、什么是日常生活练习

日常生活练习,是指创建一个合适的环境,把日常生活中成人所需要做的一些生活模式放在儿童的生活中。儿童运用适宜他们操作的材料,根据自己的兴趣和意愿,不断反复地练习,不仅是为了掌握生活技能,也是为了满足孩子想要模仿成人的需要以及动作发展的内在需要。

二、日常生活练习的目的

1. 直接目的

肌肉协调、运动和动作的完善。

2. 间接目的

满足儿童的内在需求,保护儿童的学习热情。儿童借由这些练习,使意志力和活动自然结合。

集中注意力。促进身体的独立,培养自理能力。培养良好的生活习惯。融入集体、形成自信、学习交往。对环境的关心。

三、日常生活练习的内容

1. 基本动作

基本动作是指,为了日常生活练习所做的基本运动。这是其他几项活动的基础。基本动作包括全身性的活动。如走路、起立、坐下、抓、握、推、拉、捏、舀、捣、取放物品、爬、跳等。

2. 社交行为

社交行为是指以人为对象,为了使社会生活顺利而所要学习的社会礼仪和规则。最主要的是不增加他人的困扰,不使别人不愉快,能站在他人的立场上思考。例如,打招呼、问候、致谢、道歉、请求他人帮助等。这一部分的特点是几乎不需要操作材料,并且与本土文化风俗联系紧密。

3. 照顾环境

对环境的关心和照顾,泛指除了人之外的其他生物和非生物。比如美化清洁环境,照顾、饲养动植物等。再一部分要准备很多的用具材料,并包括很多动作。

4. 照顾自己

对自己的照顾是基于独立的需要。比如洗漱、穿脱衣服、穿脱鞋、上卫生间、刷牙、洗衣服、缝扣子、擦皮鞋等。这部分练习的特点是需要成人直接给予一些帮助。

四、日常生活练习的用具选取

(1) 日常生活练习所需要的用具不是玩具,而是实际生活中的真实用具。

(2) 需要注意的是,用具的尺寸、重量必须是适合幼儿使用的。

(3) 日常生活练习中的操作材料不称为教具,而称为用具。这两者之间是有区别的:用具是指实际使用的物品,教具则具有抽象的功能。

用具会随着国家地区的风俗不同而在内容、材料、数量上有所不同,教具则是有一定的系统性和规范性。

(4) 用具要有吸引力,在形状、颜色、质感上让幼儿有取用的愿望。

(5) 用具要选用卫生的、容易整理的。幼儿自己可以清洗或擦拭,使他们可以自己使用并整理,产生完整的工作流程并有成就感和责任感。

五、活动场所及用具的管理

(1) 根据不同的操作目的,分类摆放。考虑放在何处便于管理和应用。比如什么材料放在地板上,什么放在架子上,什么放在桌子上,哪些放在高处等。进行有序而美观的放置。

(2) 放在幼儿能看到的、能拿到的位置。

(3) 考虑安全性和便捷性。

老师要在每天放学后和上学前清洁用具。发现有短缺或损坏的及时补充。如果无法及时补充完整,就要把该套材料撤走。

【作业】设计10套日常生活教具。

第二节 日常生活练习体系

当玛丽亚·蒙特梭利的第一所儿童之家成立后,她首先制订出来作息时间表,但后来却并没有遵照执行。为什么呢?因为玛丽亚·蒙特梭利从来不是教条的执行者,她总是从对儿童的观察、发现,寻找到孩子们最需要和适应的内容。她找到了一个教育的起点,就是孩子的生活练习。

这些练习包括:个人卫生清洁、教室环境清洁、动作姿态、秩序等。逐渐地,他们建立起了一套相对固定的练习内容。

一、个人卫生

由于第一个儿童之家接收的都是穷人家的孩子,有些孩子的卫生习惯不好,为了引起家长和孩子们的重视,儿童之家的老师会在每天孩子到来的时候检查孩子们的手、指甲、脖子、耳朵、脸、牙齿、头发等,还会看看衣服、鞋子是否干净整齐。这不仅使孩子们逐渐建立起了良好的卫生习惯,还培养了孩子观察自己的习惯。

怎么洗手、怎么清洁指甲、怎么洗脚、怎么刷牙、怎么漱口,都成为了学习内容。为了让孩子们注意到身体的不同部分,老师采用不同的方式来清洗,比如用清水洗眼睛、用肥皂水洗手。在学习过程中,大孩子会很自然地成为老师的小助手,去帮助小孩子。而小孩子也都倾向于自己独立完成这些自我服务的工作。

二、照顾环境

在完成了个人卫生工作后,孩子们开始自己或互相帮助穿上围裙。穿围裙的意义,一方面是保持衣服的清洁,还有很重要的功能是一种进入工作状态的仪式性动作,而且孩子通过穿脱围裙,又是一个能力的练习。

这之后,老师会带着孩子们检查班内的各种用具材料是否整齐有序、是否干净。

老师给孩子们示范怎样使用抹布擦桌子和柜子,怎样使用刷子打扫碎屑,怎样使用小扫帚扫地。孩子们还学会了怎样照顾植物和动物,怎样为大家准备点心。这些照顾环境和他人的工作,孩子们很快就能学会,并且非常愿意去做。而且,每天这样的工作还使孩子拥有了教室主人的感觉。由他们自己维护的环境,他们会更加有归属感和爱护感。

三、优雅礼仪

当这些工作做完后,孩子们坐在自己的座位上。老师会示范如何搬椅子、怎么坐;示范如何在起立和坐下时,能够保持安静;示范如何小心谨慎地搬东西,怎样优雅有礼貌地拿取东西,怎么和别人相处、交流。

由于老师不使用说教,而使用亲身示范的方式,并且自己会在每一天都用这样的方式去行动,孩子们会被那种凝重、沉静的气氛所感染,会被优雅、轻盈的动作所吸引,会在每一天都受到影响,所以,很快便都成为了有礼有节的小绅士和小淑女。

在这个过程中,老师除了亲身示范之外,不对孩子的行为进行任何评价,无论是表扬还是批评。只是提示那些孩子怎么正确的行动。

四、动作发展

玛丽亚·蒙特梭利将一些动作组合称作教育体操。这些动作包括栽种植物（给植物浇水、擦叶子、剪枝，还包括饲养动物）。之所以称作体操，是因为这些工作是由一系列动作组合而成。

比如，种树要使用工具挖坑，不时地蹲下站起。要手脚配合，协调地完成一连串动作。

如果是给小鸡喂食，要把谷物均匀地撒在地上，打开鸡舍门，放出鸡来。喂完后，需要把鸡赶回鸡舍，把门关好。这些连续并前后关联的动作，是孩子们喜欢做的，又是多方面锻炼孩子的类似于体操的运动。

另一类教育体操，是精细动作的练习。比如学习和练习系鞋带、系扣子。蒙特梭利设计制作了"衣饰框"，让孩子们练习这些。衣饰框是在木质框架上钉上两块布，装上拉链、带子、扣子或皮带扣等。

这些练习满足了孩子根据自己的习惯一遍一遍地去练习。孩子们不知不觉中掌握了各种技能，手眼越来越协调，手指越来越灵巧。并且，他们借由这样的动作练习会达到一种精神上的满足。由于学会了一样又一样的生活技能，他们的生活自理能力也越来越强，他们的自信心也越来越强。

经过百年来蒙特梭利教育者们的研究和发展，目前已经形成了比较完善的日常生活练习体系。

第三节 感官教育

> 我们的教具使自主教育成为可能，而且允许进行系统的感觉训练。这种训练不是依靠教师的能力，而是依靠教具系统，这种教具首先提供了能吸引儿童自发注意力的物质实体，同时也包含了合理的刺激等级。
>
> ——玛丽亚·蒙特梭利

一、感官教育的意义

玛丽亚·蒙特梭利说:"感官的发育先于高等的智力活动,而3岁至7岁的小孩正处于感官成型阶段。"感官练习将会为孩子形成清晰、稳固的智力奠定有序的基础。

另一方面,玛丽亚·蒙特梭利非常重视儿童的适应性培养,适应环境的一个重要条件是学会观察,而观察都是借由感官进行的。所以必要的感官训练对于儿童成为一个具有良好适应性的人来说非常重要。

蒙特梭利是医生出身,她很清楚感觉能力对于一个医生的意义:"一个学过脉搏理论的医学生坐在病人床头,怀着世界上最美好的愿望要摸病人的脉搏,但如果他的手指不知道如何触摸,那他所学都变成无用的了。在成为医生之前,他必须有辨别不同感官刺激物的能力。听心跳也是一样的,学生学的是理论,但耳朵只有通过练习才懂得听。"

她说,一个医师可能很有学问、很聪明,但并不一定是个好医生,要成为一个好医生必须经过长期的实践。她还从医学生的培养方式中发现了教育的真谛:"医学是以感官教育为基础的,而学校却是通过课堂学习来培育医生。每个人都能学得很好,但感觉能力不足的医生就会显得不称职。"

而对于普通人来说,在许多方面也都依赖着感官。比如我们去买鱼,都想要买新鲜的,但怎样才能辨别出新鲜的鱼呢?如果没有人教过我们用眼睛和鼻子来辨别鱼是否新鲜,我们就无法完成这个任务。在烹饪过程中,感官的作用更为明显。我们是否能从菜的气味、尝一尝、甚至只用眼睛看,就可以判断菜什么时候该放调料、什么时候做好了。

在20世纪初,蒙特梭利就有了这样的认识:"如果食物中掺杂的东西太多太杂,那我们的感官就会逐渐麻木(大部分人都存在这种现象);假货工业之所以存在,也是因为大众缺乏感官教育,因为那些欺骗行为全都是建立在受害者的无知之上的。他们自身没有鉴别能力,无法用自己的感官区别不同产品的不同质量,所以只能依赖商人、信任公司或通过盒子上的标签来辨别真伪。事实上,在很多情况下,没有经验光有智商也是没用的,而这种经验几乎都是感官教育。每个人都知道在现实生活中准确地区别不同的刺激物是一种基本需要。"

感官的敏锐度除了帮助我们的生活和工作之外,对于我们的精神与情感也有重大的影响。比如审美能力和道德意识,都与感官发展紧密联系着。"它使我们增强了鉴别刺激物间细微差别的能力,使我们完善了识别力并增添了乐趣。美存在于和谐,而和谐就是细致,因此我们若要体会和谐就必须有灵敏的感官。如果一个人的感觉是粗糙的,那么他是无法体会到自然界中美妙和谐的乐章的,世界对于他而言也是狭窄空洞的。在我们的生活中有着无穷无尽美的享受,在这些美的享受面前,人就像动物一样毫无知觉地和它们擦肩而过,唯一可利用的只有粗劣的感觉,只能在粗劣的感觉中去寻找快乐。巨大的快乐冲击只会逐渐让人产生恶习。因为太过强烈的刺激物感觉起来并不准确,人的反应逐渐变得迟钝,这时感官就必须借助更强烈更显著的刺激物了。"

除了感官的重要性之外,蒙特梭利还发现了感官教育只能在它的成形阶段,也就是婴幼儿时期进行。一旦成年后,感觉能力便难以有大的提升。

二、感官材料的吸引力与幼儿的自我教育

玛丽亚·蒙特梭利在接触实验心理学时了解到感官测量法,接触到很多感官测量材料。她把这些本是用于测评的材料用在了儿童之家,但目的不再是测量,而是为了发展儿童的感官。

只有一点是相同的,她在投放了这些材料之后就等待孩子的自发反应,而且她更重视的是,使孩子拿到这些材料后感到兴奋。

这一点是最难的,因为在蒙特梭利之前,就有人想把这一类材料应用到感官教育中,但失败了。孩子很厌烦这些材料,在使用之后显得很疲倦。蒙特梭利认为,教育的目的是培养活力。所以对于那些会让孩子产生厌倦和疲惫的材料,她会立刻收起。她一直在寻找、筛选、设计能激发儿童兴趣的材料。

她这部分的经验始于做智障儿童教育时,通过观察和研究,她发现有智力障碍的孩子与正常的孩子,在见到这些不同刺激级别的教具时,会出现不同反应。区别在于,同样的教具,用在有智力障碍的孩子身上可能会产生教育作用,而用在正常孩子身上则会产生自主教育。

比如现在已经成为蒙特梭利教育经典教具的"圆柱体插座",在最初被设计出来时,只是一块木板,板上有些立体几何模型,相应的孔里放了10个小木块,每个木块底边等差缩小10毫米。

游戏规则是:将木块从各自的孔里取出、放到桌面上、打乱,然后再将它们放回各自的位置。游戏的目的在于训练眼睛识别不同的尺寸。

在给有智力障碍的孩子这套材料时,教师需要使用各种方式去吸引他们的注意力,这样的孩子非常容易对事物失去兴趣。开始训练时,所用的刺激物要有比较鲜明的对比。只有完成许多其他训练时,才能进行上述训练。

而正常孩子会自发地对该游戏产生强烈的兴趣。他们会很专注地观察、尝试,能自己发现规律、发现错误。而且会反反复复不断练习。而当孩子能非常轻易、丝毫不差地将每

个插座放在合适的位置时,他已经从这个材料中获得了智能的成长和内心的满足,这个活动本身的吸引力就开始下降。

正常孩子会重复很多次这样的练习,重复的次数因人而异。有些孩子完成五六次之后就厌倦了,而有些则会至少重复 20 次,脸上仍显示出兴致勃勃的表情。有一次玛丽亚·蒙特梭利看着一个 4 岁的孩子重复练习了 16 次。她让其他孩子唱歌,想看看这个孩子的反应。结果发现这个孩子无动于衷,继续专注于自己的活动。

在这个过程中,不需要教师的协助和评判,孩子们可以自我纠正和自我教育。他通过自己的努力完善自己,老师能做的只有观察。蒙特梭利强调,老师更应该是个心理学家,因为老师的作用是指导孩子的精神活动和生理发育。

在蒙特梭利教育中,正是这些教具,使自我教育成为可能。这些教具能吸引孩子的自发注意力,而它所展示的材料含有合理的刺激渐变。

蒙特梭利在此举了一个学钢琴的例子:音乐大师教钢琴演奏时是怎么做的呢?他教会孩子正确的姿势,教他们认识音符,介绍示范手指的动作,等等,然后就让孩子自己练习。孩子在老师所教授的概念与音乐练习之间进行耐心的练习,使手指和肌腱能够灵活的活动,让手上的肌肉变得有力。在这个学习中有两个元素都很重要,那就是自己的练习和老师的指导。

儿童借由日常生活练习,已经建立起了有序的自主选择、自由操作的习惯。在他们的感官迅速发展的时期,他们对于各种感官材料会有浓厚的兴趣,这种兴趣引导着儿童不断重复练习,在不知不觉中,从具体到抽象,他们自己将感觉与概念联系起来。

教师在此时最大的作用是让孩子的内在注意力集中在感觉上,同时又能在必要的时刻给予正确概念的输入和引导。

在感官教育中,教师的语言要简洁明了,用清晰、缓慢的语言告诉孩子物体的名称以及特性,并且尽量不使用过多的说明,发音要准确,使孩子们能清楚地将他感知到的和老师的发音、描述配上对。

例如,练习触摸触觉板时,老师在触摸后说:"光滑的、光滑的;粗糙的、粗糙的。"

在教热与冷两种感觉时,老师说:"这是冷的,这是热的,这是温的。"

最需要避免的,就是不要说不相关的词。

在示范过之后,可以进行检测,哪个是光滑的?哪个是粗糙的?如果孩子能用手正确地指出物体,就说明孩子已经掌握了概念。

但如果孩子没有正确指出,教师也不要批评或订正,因为孩子可能还没有在大脑中将名称和物品联系起来,批评与订正是不起作用的,反倒会让孩子产生厌倦排斥感,影响他今后学习的激情。

如果孩子没有出错,教师就可以问:"这是什么?"让孩子自己准确地发音。

这样的认识物品的方式,使得孩子们将拥有发现与语言相匹配的敏感性。有一个四岁的小孩在院子里跑的时候突然停了下来叫道:"哦!天是蓝的!"他在那儿站了一段时间,抬头望着广阔蔚蓝的天空。在那个时刻,孩子心中会升起神奇、愉悦的感觉,他会为自己的发现感到幸福。

蒙特梭利非常重视让儿童自己发现。

一天,她看到一个小男孩在画画时把树干涂成红色。老师对孩子说:"树干有红色的吗?"蒙特梭利阻止了老师,她认为,这说明那个孩子没有注意到环境中的色彩。

通过一段时间的感官练习,孩子会在某个时刻发现树干不是红色的,正如另外那个小孩发现天空是蓝色的一样。果然,没有多长时间,再给树上色的时候,这个孩子选了一支褐色的铅笔,而且还把树枝和树叶涂成绿色。

三、被独立出的感官

感官教育中一个重要的技巧是:将各个感官独立出来。比如,在安静且黑暗的环境中训练听力效果更好。当孩子的眼睛被蒙住,他们会将注意力集中在一个感知渠道上。所以蒙住孩子的眼睛,做触觉练习、温度觉练习、重量感练习等效果会更好,而且蒙住眼睛会极大地增加他们的兴趣,而不会使练习变成嘈杂的嬉戏。对于不用眼睛就能"看",孩子们倍感骄傲。他们会伸出手来喊道:"这是我的眼睛!我可以用我的手来看!"

因为这样的认识,玛丽亚·蒙特梭利在儿童之家中刻意创造安静的环境,将窗帘拉上,让孩子低头并用手蒙住眼睛。然后她低声一个一个地叫孩子的名字,离她近的叫得轻一点儿,离她远一点儿的就叫得清晰一些。她说:"每个孩子都在黑暗中专心地等着听我叫他名字的微弱声音,随时准备以喜悦的心情向着这神秘而渴望的呼唤奔来。"

蒙特梭利还以不同的音调说:"安静!安静!"有时短而急,有时像耳语一样长又轻,她用几乎听不见的低语重复说:"再安静点,现在我能听见钟声,现在我能听见苍蝇拍翅膀的声音,现在我能听见花园里树木们低声讲话的声音。"

孩子们非常出神,静静地坐着,不发出一点儿声音,房间里几乎跟没有人一样。然后蒙特梭利轻声说:"闭上你们的眼睛。"

蒙特梭利认为,经常做这样的练习,会使孩子们习惯于静止与寂静。当有人打破这种状态时,只要一个音节、一个手势就可以让他迅速恢复安静的状态。

四、日常生活中的感官训练

在日常生活练习中,玛丽亚·蒙特梭利设计了一些活动,为之后的感官练习做准备,比如触觉练习的准备。她让孩子在一个小盆里仔细地洗手、抹上肥皂,再在另一个脸盆里用温水冲洗。之后老师再教他们如何轻轻地吹干或擦手。

当老师用近乎神圣的姿态洗了手后,再示范给孩子看如何轻柔触摸物体的表面。比如让孩子闭上眼睛,细细地触摸自己的手掌或自己衣服的布料——尤其是那些柔软光滑的装饰品。孩子们会非常喜欢触摸柔软舒适的表面,并且会快速、敏捷地辨别出各种材质。

依据这些原理,玛丽亚·蒙特梭利为孩子们设计制作了用砂纸和木板做成的触觉板、用不同木材做成的重量板等。由于需要仔细辨别才能感知到差异,常常会让孩子们又兴奋又紧张地使用这些教具。

而嗅觉教育与味觉教育,虽然也设计有嗅觉瓶和味觉瓶,但更多的引导还是可以适用于孩子们的日常生活中。比如在午餐时间,孩子们可以识别不同的气味,用舌头去触碰苦、酸、甜、咸等不同的溶液。

五、玛丽亚·蒙特梭利亲自设计的感官教具

1. 圆柱体插座

在蒙特梭利时期,这个圆柱体插座是三组,由三个立体长木块组成,每个木块长55厘米,高6厘米,宽8厘米,含10个圆柱体木块,木块顶端中心有小木扣或小铜扣便于用手拿住,木块插在相应的孔中。

第一套圆柱体的高都一样(55厘米),但直径不一样。最小的圆柱体直径为1厘米,其余的每个递增0.5厘米。第二套圆柱体的直径都一样,为第一套中最大圆柱体直径的一半(2.75厘米)。此套圆柱体的高不同,第一个高只有1厘米,像张小光盘一样,其余的每个递增0.5厘米,第10个高为5.5厘米。第三套圆柱体的高和直径都不一样,第一个圆柱体高和直径都为1厘米,其余的每个高和直径都分别递增0.5厘米。儿童通过使用圆柱体插座,自己学习从粗细、高低及大小三个维度来辨别物体。

2. 棕色梯

这一套木块由厚渐薄,共有10个四棱柱。最大木块的底座宽为10厘米,其余的依次

递减1厘米,其长均为20厘米,柱体为黑褐色。孩子们将柱体混合并扔在小毯子上,然后根据厚度的渐变顺序一个紧挨着一个排列。这个"大阶梯"游戏结果用眼睛是很容易审核的,如果排列错了,那么阶梯形就会变得很不规则。

3. 红棒

这一套长短木块包含10个木棒,每个木棒有四个面,每个面宽3厘米。第一个木棒长100厘米,最后一个木棒长1厘米,中间的木棒从第一个到最后一个长度依次递减1厘米。孩子们根据长度的递减和颜色的对应,排列原本散乱的木棒。这项练习也有明显的错误控制,如果木棒没有放在正确的位置,则沿斜边的递减规律将会改变。

4. 粉红塔

这一套木块由大小10个立方体木块组成,木块涂成粉色。最大的立方体底边长10厘米,最小的底边长1厘米,中间的木块底边依次减短1厘米。可以依据木块大小将其一个一个往上叠,建成一座小塔。最大的木块形成塔的底座,最小的形成塔尖。

由于越往上木块越小,因此也能很好地观察是否错了。一个木块放错很快会被发现,因为它打破了塔的曲线。孩子们刚开始玩这些木块时最常出现的错误是将第二大的木块放在最底部,将最大的放在第二大的之上,混淆了最大的与第二大的木块。

用粉色的立方体建塔对于不到三岁的小孩很有吸引力,他们可能建了推、推了建。

5. 几何嵌图板

平面木制几何嵌图板是由伊塔德提出的,塞根也曾使用过,但他们都将这套材料用于智障儿童。玛丽亚·蒙特梭利基于对正常儿童的观察和了解,加了一些独特新颖的东西进去,做了一些改进后,既可以利用木框,又可以利用嵌图板。

刚开始的时候,很多幼儿都需要多次尝试之后才能成功地将嵌入物放回原处。比如他们会尝试将三角形放到梯形的位置,再放到长方形的位置,等等。或者当他们拿起一个矩形时,会马上知道该放在哪个位置,但还是会将嵌入物的长边放到框架的短边。只有在许多次尝试之后才能准确放置。

经过一些练习后,孩子们能很容易地认清图形并很容易地将嵌板准确地放到适当的位置。可能就是从这个时候起他们开始观察图形的。

将视觉与触觉相结合可以极大地帮助孩子识别图形。蒙特梭利让孩子们用右手食指触摸图形的轮廓,然后再让他们触摸与图形相匹配的框架的轮廓。所有的孩子都很喜欢触摸东西。在各种感官记忆中,肌肉感官的记忆是最强的。

6. 色板

玛丽亚·蒙特梭利当年制作的色板,由绕有不同颜色丝线的方形木片组成。这些木片两端都有木质边缘,可以防止盖有丝线的木片接触到桌面。后人逐渐将色板变成涂上各色油漆的小木板。

她选了8种颜色,每种颜色都有8种颜色浓度不一样的渐变,因此共有64个不同颜色的木片。所选的八种颜色为黑色(从灰到白)、红色、橘黄色、黄色、绿色、蓝色、紫色及褐色。

7. 音感钟

声音识别练习使儿童能够习惯于区分细微的声响,并将其与声音相比较。这种感官教育的一个价值在于它能培养出人的审美品位,还可用于让孩子们感知到纪律。当孩子们大喊大叫并推翻物体制造噪音时,他们可以意识到这些声音的刺耳。蒙特梭利认为,在制造寂静的环境之后,击打出音质好的钟声是非常有教育意义的,一会儿宁静悦耳,一会儿清晰响亮,将钟的振动传递至孩子的整个身体。当这些精挑细选的钟声使整个身体沉浸在祥和之中时,钟声不仅训练了他们的耳朵,使耳朵为之振动,也使整个身体为之振动。受过这样熏陶的孩子,会对粗野的声响反感,会变得不喜欢噪音并停止制造杂乱无章刺耳的噪音。

一位儿童之家的老师玛卡·罗尼小姐发明制作了13个钟。这些钟表面看起来完全一样,但经锤子击打后的颤动能发出13个音调。

8. 音桶

在小盒子里装上不同的东西,有粗有细(沙子或沙砾),通过摇晃盒子使其发出不同音质的声音。有两个盒子里装的是完全一样的东西,孩子们通过摇晃倾听来辨别哪两个盒子是一样的。

9. 布盒

一个由抽屉组成的漂亮的小箱子,里面装了各种各样的长方形的填充物,有丝绒、缎子、丝绸、棉花、亚麻等。

老师让孩子一一摸这些物品,教他们对应名称和一些相关的特征描述,如粗的、细的、柔软的。然后让他们坐到同伴看得见的一张桌子前,蒙住他们的眼睛并将物品一个个递给他们。要他们只用手摸、捏来判断"这是丝绒"、"这是细亚麻"、"这是粗糙的布"。

有时候,老师还会给某个孩子一个外来物,如一张纸。这时候,其他的孩子都会围拢过来,等待那个孩子的反应。

【相关阅读】

玛丽亚·蒙特梭利发明的安静游戏

我让孩子们注意看我，让他们看我能多静。我采用各种姿势，如站姿、坐姿等，并静静地维持每一种姿势，完全不动。一根手指动会发出声响（即使这声响是听不见的），我们的呼吸也可能被听见。但我保持了绝对的安静。

这并不是件容易的事，我叫一个孩子跟着我一起做。他调整了脚，换了个较好的姿势，而这发出了声响。他动了一只胳膊，将其伸出放到椅子的扶手上，这又是一个声响。他的呼吸并不是完全无声的，不像我的那样平静而听不见。

在那个孩子练习过程中，我简要地评论之后又恢复静止与无声的状态，其他孩子看着我们，也注意听着。他们中很多人对这一现象很感兴趣——我们发出很多我们自己没有意识到的安静声响。原来安静也是分等级的，而在这之前他们从来没有注意过。

我站在房间的中间，孩子们惊奇地看着我，他们如此安静就好像在说："我没有动。"接着他们开始极力模仿我，甚至比我做得更好。我下意识地注意着每一处有脚挪动的地方。孩子们注意着自己身体的每一个部位，急切地想要达到静止的状态。

当孩子们作这样的尝试时，所建立的安静与我们随便说的安静是有很大区别的。

生命仿佛渐渐消失，那个房间慢慢变空了，仿佛没有人在那儿一样。然后我们听到钟的滴答声，随着环境的安静不断加深，钟声仿佛越来越大。之前看似安静的屋外和庭院传来了各种声响——鸟叫声或一个小孩经过的声音。

孩子们坐在那里，被那种寂静迷住了，仿佛被自己征服了一样。这时，女指导员说："到处都没有人了，孩子们都不在了。"

达到这样的效果后，我们将窗帘拉上并叫孩子们闭上眼睛，让他们将头靠到手上。做完这个姿势，黑暗就恢复了绝对的安静。

"现在，听着，"我们说，"一个很轻的声音将叫你们的名字。"然后我到孩子们身后的一个房间里用很低的声音缓慢地喊着孩子们的名字，仿佛我的声音是从山的那边传来的一样。这个声音几乎是超自然的，它到达孩子们的心并呼唤他们的心灵。

每个孩子听到自己的名字时都会竖起耳朵，睁开眼睛，兴奋地站起来，尽量不移动椅子，静静地踮着脚尖走。他们的动作非常轻，很少被听见。但他们的脚步声还是打破了寂静，回荡在持久的静止中。

当孩子带着满脸的兴奋到达门口时会一步跳进房间，控制住要发出的笑声。有的会把脸藏在我的衣服里，有的则回头看同伴们静静地坐着等待，像雕塑似的。被叫到的孩子感觉自己得到了恩惠,收到了一件礼物、一个奖赏。

但他们知道每个人都会被叫到的,从房间里最安静的小孩开始叫起。因此每个人都努力在听,叫名字时保持绝对的安静。有一回我看见一个三岁的孩子试着克制要打的喷嚏并且成功了。她把气憋在她那小小的胸膛里并坚持住了。这是一个最让人惊叹的努力。

这个游戏给孩子们带来了无穷的乐趣。满足的小脸和耐心保持的静止都说明他们得到了极大的乐趣。开始的时候我还不确定他们能否做到,我想拿些糖果和小玩具给被叫到名字的小孩。我以为有必要弄些小礼物来让他们作出努力。但很快我就发现,完全没必要这么做。

孩子们在做了足够的努力维持安静之后,乐于享受这种感觉,乐于享受安静本身。他们就像停泊在宁静的海港里的小船一样,沉浸在体验新事物的快乐之中,并获得了超越自我的胜利。这确实是他们的回报。

忘掉关于糖果的承诺,也不再想玩具。当然,我也应该抛弃这种无用的做法让游戏变得越来越吸引人。甚至连三岁的小孩也能在我喊完四十个孩子的整个过程中保持安静。

那一刻我懂了,孩子们的心灵得到了回报,精神享受了快乐。

这些游戏之后,孩子们好像和我更亲近了,他们变得更听话,更温顺可爱了。我们确实与世隔绝了,并且在几分钟内进行了非常近的心灵交流。可事实上,我在渴望、呼唤他们的时候,他们就已在完全寂静中找到了快乐。

寂静中的一课

我马上要讲的是一堂最成功的"安静课"。

一天,我正走进一个"儿童之家",在院子里就碰到了一位妈妈,她手里正抱着四个月大的婴儿。这个小家伙仿佛就是安静的化身。我将她抱到怀里,她也纹丝不动舒适地躺着。当我将她抱进教室,孩子们都跑过来迎接我们。

孩子们一直很欢迎我,于是伸开双臂搂我,扯我的裙子,他们几乎快把我推倒了。我微笑着让他们看小宝宝。他们理解了,在我身边跳跃着,看着我,眼里满是高兴,但出于对我怀里小家伙的尊敬并没有碰我。

孩子们拥着我进了教室。我坐了下来(没有像平时那样坐在孩子们坐的小椅子上,而是坐在了一张大椅子上),并坐得很庄重。孩子们带着关心和高兴的复杂情感看着我怀里的小家伙,没有人出声。

我对他们说:"我给你们带来了一位小老师。"他们惊讶地看了我一下,并笑了。

"确实是你们的小老师哦,因为你们没有人能像她一样安静。"听到这儿,孩子们都换了一下他们的姿势,变得安静了。

"还是没有人的手和脚能像她一样静。"每个人都密切注意着自己手和脚的姿势。

我笑着看着他们:"你们永远都不能像她一样静。你们动了一点儿,但她一动也不动。"孩子们的表情很严肃。他们明白了小老师的优越性。他们中有些人笑了,眼睛好像在说:是因为她还在襁褓中。

"你们中没有人能像她一样安静无声。"

"你们不可能像她一样静,听她的呼吸声多么的细。踮着脚尖到她这儿来。"

几个孩子站了起来,慢慢踮着脚尖走了过来,弯腰看着那婴儿。非常的静。"没有人的呼吸能像她一样静。"孩子们惊奇地看了看四周,他们从来没有想到就算静静地坐着也会发出声响,也不知道一个婴儿可以比大人更安静。他们几乎要停止呼吸了。

我站了起来,"静静地走出去,"我说,"踮着你们的脚尖走,不要出声。"我跟着他们走,并说:"我还是听见一些声音了,但这个婴儿跟着我走就没有发出声音。她走得很安静。"孩子们笑了。他们明白这是事实,也明白我话语中玩笑的意味。我走向开着的窗户,把婴儿交给正看着我们的妈妈。

小家伙仿佛施展了微妙的魔法,打开了孩子们的心扉。确实,自然界中没有什么比新生儿平静的呼吸更甜美的了。新生儿的生命无比尊贵,它在睡眠和宁静中收集能量,获得新生。

对比两种认识颜色的活动

同样是认识两种颜色——红色和蓝色。

蒙特梭利教师是这么做的:

为引起孩子们对物体的注意,老师说:"看这儿。"

老师展示出红色的物体,说:"这是红色。"这是给出概念。

之后,老师提高她的声音,缓慢而清晰地讲出了一个单词"红色",然后,又出示另一种颜色,说:"这是蓝色。"

为了确信孩子理解了它们,老师会对孩子说"给我红色"或"给我蓝色"。如果发现孩子并没有弄清楚,老师就不坚持和重复了,她只是笑笑,给孩子一个友好的爱抚,把那些颜色拿开。

教师们通常会对这种简单明了的授课方式表现出吃惊,他们经常说:"每个人都会这样做!"但恰恰相反,事实上,不是每个人都知道怎样去做这个简单的事,不是每个人都能给孩子们上一堂如此简洁明了的课。

一个在公立学校用旧式的教学方法给孩子们授课的教师,来到我们学校上集体课,她们经常说没用的话,甚至说假话。这些老师在上课时,会对一些简单的东西解释老半天。

这个女老师以这样的方式开始她的授课:"孩子们,看看你们能不能猜出我手里是什么东西!"她明知道孩子们不可能猜出她手里拿着什么东西,她却靠这种虚假的方式来吸引孩子们的注意力。

然后她可能会说:"孩子们,看外面的天空,你以前看见过这样的天空吗?你有没有注意过繁星闪烁的夜晚?不,看我的围裙,你们知道这是什么颜色吗?难道它不像天空的颜色吗?非常好,看我手里的这个颜色,它是和天空,和我的围裙一样的颜色,这就是蓝色。现在看看你周围,你发现在这个教室里还有哪些东西是蓝色的?你知道樱桃是什么颜色的吗,你知道在壁炉里燃烧着的煤炭是什么颜色吗……"

这样,孩子们的思维徒劳地思考了一大堆东西,天空、围裙、樱桃等等,整个过程并没有对孩子的思维有任何启发作用。孩子们也分不清哪些内容才是这节课所要表达的主题。对蓝色和红色这两种颜色的区分,用孩子们的思维,他们几乎不可能做到,他们甚至跟不上这种冗长的授课方式。

六、感官教育知识回顾

1. 感官教育的目的

(1) 直接目的(生物性目的):促进感官的敏感性及肌肉的协调完善发展。通过五种感官了解世界、认识概念。

(2) 间接目的(社会性目的):促进幼儿的注意力、意志力、记忆力、判断力、观察力的形成与巩固;为儿童的心理及智力发展打下坚实的基础。

2. 感官教育的内容

视觉教具:圆柱体插座、粉红塔、棕色梯、长棒、彩色圆柱体、色板、几何拼图橱、几何学立体组、三角形组合、二项式、三项式。

触觉教具:触觉板、布盒、神秘袋、重量板。

听觉教具:听觉筒。

嗅觉教具:嗅觉筒。

味觉教具:味觉瓶。

3. 感官教育的通则

同一性(相同性)的认识;

对比性(相异性)的认识；

类似性(相似性)的识别。

4. 感官教具操作的方法(基本提示)

A.(1) 配对:指相同性的配合成双之意。　　　　(P) Pairing

　　(2) 序列:指相异性的辨识并给予顺序之意。　　(G) Grading

　　(3) 分类:指相似性的辨认并能归类。(如下表)　(S) Sorting

教　具	通　则	教　具	通　则
1. 圆柱体插座	PG	9. 三角形组合	P
2. 粉红塔	G	10. 触觉板	PG
3. 棕色梯	G	11. 温觉板	P
4. 长棒	G	12. 重量板	PS
5. 彩色圆柱体	G	13. 听觉筒	PG
6. 色板	PG	14. 味觉瓶	P
7. 几何图形拼图橱	P	15. 嗅觉筒	P
8. 几何学立体组	P		

B. 应用提示

(1) 记忆练习。

MP:① 将教具的一部分与另一部分分别放置在隔开的两个地方。(按顺序)

　　② 将教具的一部分与另一部分分别放置在隔开的两个地方。(打乱顺序)

MG:① 将教具散乱地放在一地方,然后要幼儿在指定的地方排出序列。(变化)

　　② 从排好序列的教具中抽取其中一个,再将位置调整后,将抽出的一个给幼儿放回原位。

　　③ 从排好序列的教具中抽取一个教具藏起来,剩余的教具位置重新调整后,让幼儿指出缺少的位置,并将其放回原位。

(2) 联合操作。

【作业】设计一个感官教具的展示页。

第四节 数 学 教 育

蒙特梭利发现三岁的孩子常常已经能数到二或三了,因为在人类的生活中,数字与数量到处都是,孩子们有许多接触到数学的机会。比如母亲说,"你的围裙上有两个纽扣掉了"或"餐桌上还缺三个盘子"。

蒙特梭利教育中的数学教育思想和方法非常具有特色,不仅是蒙特梭利教育体系中的亮点,也是在近一个世纪影响着传统的数学教育模式。今天很多幼儿园和小学所采用的数学教具都借鉴了蒙特梭利教具的特点。

蒙特梭利基于她对幼儿"数学心智"的认识,设计了一个完整的数学学习体系。一般人认为数学很难学的原因是数学太抽象。蒙特梭利说,其实语言也很抽象,但孩子们却都学会了,所以并非是数学抽象导致孩子们学不会,是大人提供的方法错误了。

本节我们就来看看蒙特梭利数学教育的神奇之处。

一、对"数学心智"的研究

在幼儿成长过程中,有一个很重要的对秩序的敏感期。幼儿对环境中的时间、空间秩序有着强烈的感受力,并在感知到后积极地遵循那些规律。蒙特梭利认为,这同时也是幼儿对数学的感受性。法国哲学家和数学家巴斯噶提出"数学心智"的概念。他说,人的心智天性是数学的,知识与进步是由精密的观察促成的。

蒙特梭利强调"秩序"和"精密"这两种精神力量的重要性,她是这样说的:

> 我们仔细研究一切为了造福人类的创造发明,遗留在世界的足迹,就知道发明者的出发点都在内心有追求精确的秩序感,而最终创造出一些新颖的东西。在文艺和音乐的幻想世界中,也有韵律等基本秩序存在。

蒙特梭利认为对幼儿的这段精神的萌芽敏感期不可掉以轻心,孩子在此阶段正是掌握物与物之间的关系、建立事物之间的逻辑关系与结构能力的重要时期,也是在历史长河中,人类的孩子为了适应自然和社会而产生出的精神和智能的发展需求的重要时期。

二、数学教育与感觉教育的关系

蒙特梭利的数学教育以感觉教育为基础,或者说感官教育是幼儿学习数的预备教育。透过感觉器官感知到物质的属性:大小、轻重、长短、形状、颜色等。通过对感官教具的重复操作练习,幼儿更能敏锐地辨别物体的相同性、相似性、对比性、等级性,渐渐发展出了配对、序列、分类这些基本的逻辑思考和操作能力。这些感知、把握事物或现象的能力和态度,是数学性思考和学习的基础。

三、数学与语言的关系

小黑猩猩的身体动作与手指的灵敏,以及眼睛、耳朵、鼻子等感觉器官的发达,和人类的幼儿并没有很大的差别。但是在智能、文化的接受力方面却有很大的差距,它们最多只能发展到相当于一岁零八个月大的孩子的程度。这是因为小黑猩猩的语言学习能力比人的孩子要弱的缘故。

在数学教育中,要把抽象事物具象化,语言在此时有助于逻辑思考。

在蒙特梭利教育中,无论是感觉教育还是数学教育,都使用三段式教学法来进行"名称练习",协助幼儿掌握基础的数学概念。

四、教具的体系化

蒙特梭利数学教育的一个大特色就是它完整的数学教具体系。蒙特梭利数学教具与感觉教具紧密相关,遵循着幼儿的认知特点和逻辑思维的发展路径,循序渐进地将抽象的思维过程显性化。从这些教具的设计和使用过程中,我们能看到蒙特梭利对于数学的研究之深入和思考之缜密。

下面我们介绍一部分蒙特梭利数学教具:

1. 数棒

红蓝相间的数棒是学习数与计数的第一种教具。感觉教育中的长棒(红棒)每隔1分米分为一段,并将每段交替地涂成红色或蓝色,就成为了数学教具——数棒。幼儿将数棒由短到长排好后,只要数红蓝的节数,就可以学习认识 1~10 的数量。

数棒不同于用石头或豆子,包括手指头等的计数协助物品,它是一个连续量。蒙特梭利说:"数棒的重要性是它给予儿童一个清晰的数概念。当我们命名一个数时,这个数本身是一个数,又是一个整体的集合数。比如"6"的数棒,既代表 6 这个数字,又代表 1+1

+1+1+1+1。

数棒的长度在被孩子用触摸和拿取时能明确感知到,通过这些身体上的感知,孩子对于数量与数名有了清晰的对应。数棒因同时具备整体与个体、等量、可计数的单位等特性,而能够给幼儿一个比较清晰的数概念。

2. 砂纸数字

认识数字和认识字母一样,使用了砂纸数字卡。让孩子们一边读一边用手触摸数字的笔画。

砂纸数字卡用来学习数字与数名的对应。当幼儿运用数棒熟悉了1~10之后,在运用三段式教学法将数字与数名对应起来。并通过手指的触摸来认识数字的形状和笔顺,打下书写数字的基础。

3. 纺锤棒箱

当幼儿通过数棒和砂纸数字卡的配对练习,了解了1~10数之后,就可以开始使用纺锤棒箱来练习计数分离的、不连续数量的物品。

纺锤棒箱包括了45根类似纺锤的小木棒,另外还有木箱,里面有9个格子,分别标注着0~9这10个数字。幼儿在每个数字之下的空格里放进相应数量的纺锤棒。

纺锤棒箱可以用来介绍"0"的概念。如果从1~9的纺锤棒都放置正确的话,到了"0"那一格时,纺锤棒已经被分完了。"0"就是没有,这个概念就被孩子感知到了。

蒙特梭利也设计了其他的认识"0"的活动——零的游戏。

老师指着标有零的卡片的格子:"我该放什么在这里呢?""什么都不放,零就是什么都没有。""什么都没有是什么意思?"蒙特梭利会和孩子们做游戏,她站在他们当中,向其中一个孩子说:"来,亲爱的,到我这里来零次。"孩子通常会走向她。此时蒙特梭利说:"但是宝贝,你来了一次,而我让你来零次呀。"于是孩子会开始问:"那我该怎么做呢?""什么都不用做,零就是没有。""但是我该如何什么都不做呢?""你站在自己的位置上就可以了,你一次也不用过来。零次就是一次也没有。"孩子们认为这个游戏十分有趣,他们会大声喊:"零就是什么都没有!零就是什么都没有!"

蒙特梭利描述的"数字记忆练习":

当孩子们认识了数字,并且知道数字代表的含义后,老师会让他们做一些练习。从旧日历上剪下一些数字并将其贴在纸片上,然后把这些纸片折起来扔进一个盒子里。孩子们从盒子里取出一张纸片,保持纸片的折叠状态,回到自己的座位上,看完卡片上的数字后重新叠好,不要告诉别人卡片上的数字是什么。

紧接着,这些孩子们单个或一起走到放在老师旁边的大桌子前面,拿手里神秘纸条上的数量物品。桌子上放着各种各样的东西,所要拿物品的数量包含在内。这样一来,孩子们不仅要在来回的过程中记住卡片上的数字,取物品时也要记住,要一个一个地数。

这时老师就可以津津有味地观察每个孩子的数字记忆能力了。孩子把拿到的物品都放在自己的桌上排成两列,如果是奇数,那么把多出来的一个放在最后两个之间。排法如下:

第一次玩这个游戏的时候,孩子们拿的东西常常比卡片上要求他们拿的多,这并不是因为他们不记得那个数字,而是因为他们都想拿到最多的物品。这种本能有些贪念,对于原始、没有开化的人类来说却是很普遍。

老师需要向孩子们解释拿走桌上所有的东西都是毫无意义的,只有拿到纸片上所要求的物品数目才能赢得这个游戏。

孩子们会逐渐明白这一点,但并不像人们想象得那么容易。这是一种真正的自我克制,看见别的孩子拿很多的物品,却要控制自己只拿两个。因此,我认为这个游戏更是意志力的练习,而不单是计算练习。

拿到写有零卡片的孩子,不能离开自己的位置,还要眼睁睁地看着别的孩子随意地从桌上拿东西。有好几次,"零"落到了那些喜欢数数、数得很好且摆放物品很熟练的孩子手中,而他们却只能坐在自己的座位上等待老师的检查。

研究一下那些拿到"零"的孩子们的表情更是一件很有趣的事。每个人所表现出的不同表情,跟他们每个人的性格有着密切的关系。

有的孩子看上去很平静,用一脸的若无其事来掩饰自己的失望;有的孩子在不经意的动作中流露出自己的失望;有些看到自己的处境会忍不住笑起来,这使他们的同伴觉得很奇怪;而那些年龄小的孩子可能还会带着一脸渴望(几乎是嫉妒),用目光跟着自己同伴的每一个动作;而其他人则很快接受了这个现实。

老师检查的时候问他们:"你什么都没拿到吗?"

"我什么都没拿到。""我拿到的是个零。"

观察孩子们说自己拿的是"零"的时候的表情也有趣。他们说的是很普通的话,但是脸上的表情、说话的语气都显示出他们内心不同的感受。很少有孩子会为自己与众不同的任务而高兴,大部分孩子要么表示不悦,要么看上去一副听天由命的样子。

于是老师们解释了这个游戏的意义:"努力保持'零'的秘密是很难的。紧紧握着手里的卡片不松开,对于所有孩子来说都很困难。"然而,正是保持沉默的这个困难吸引了孩子,所以当他们打开那张写有零的卡片的时候,都很乐意保守秘密。

4. 数字与筹码

筹码游戏,是另一种分离的、不连续数的练习法,但过程要比纺锤棒箱的练习复杂和困难些。儿童在做这个活动之前,要先认识 1~10 的数字,并了解 1~10 的先后顺序,要自己将数字卡按顺序排成一列。之后,儿童根据数字在数字卡之下摆放筹码,摆放方式是一对一对地摆,这种摆法会让孩子们发现有的数字最后会余下一个筹码不成对,这就为孩子学习奇数和偶数打下了基础。

5. 塞根板

蒙特梭利利用塞根板来帮助儿童了解"十进位"。

塞根板有两套,一套用来学习11~19,一套用来学习10~90。幼儿通过塞根板了解到两位数由一个十位数和一个个位数组合而成,形成了位数概念。

塞根板与数棒和金色珠的组合应用,可以让两位数的数量更容易被儿童理解。

6. 金色珠教具组

(1) 1~10的串珠;

(2) 百位串珠(正方饼)和千位串珠(立方糕)。

金色珠教具组,是一套学习"十进位"1~1000的完整教具。珠子本身是一个不连续量,蒙特梭利用金属丝把珠子串在一起而形成了连续量的串珠。个位、十位、百位、千位的概念就被这些小珠子给具象化了,让十进位的关系一目了然,从而突破了儿童学习复杂的"十进位"概念的种种难关。

7. 概括介绍用于"加减乘除"运算的各类教具

(1) 银行游戏;

(2) 邮票游戏;

(3) 彩色珠接龙游戏;

(4) 加法板、减法板、乘法板、除法板。

8. 连续数

(1) 一百板;

(2) 百珠链、千珠链。

以上介绍的这些教具,仅仅是蒙特梭利数学教具的一部分。数学教具的专业性和系统性非常强,需要教师一一认真学习研究后,方能正确地运用在教学实践中。

五、蒙特梭利数学教育的目标及内容

1. 目的

(1) 直接目的,帮助儿童建立数的概念,掌握数的逻辑关系,以及运算规则。

(2) 间接目的,促进儿童的逻辑思维能力的发展。

2. 内容与使用系统(如下表)

建立概念	概念教具	运算教具	学习运算
1. 10 以内的数概念(奇数、偶数)	1. 数棒 2. 砂纸数字卡 3. 纺锤棒箱 4. 数字卡与筹码 5. 彩色珠串 6. 黑白珠串 7. 灰色珠串	1. 数棒 2. 彩色珠串 3. 黑白珠串 4. 金色珠串 5. 灰色珠串	10 以内的 +、-、×、÷
2. 20 以内数概念十进位	8. 塞根板(Ⅰ)	6. 塞根板(Ⅰ) 7. 加法板 8. 减法板	20 以内 +、-
3. 十进位 100 以内的数概念	9. 塞根板(Ⅱ) 10. 连续的数 11. 百珠链	9. 塞根板(Ⅱ) 10. 乘法板 11. 除法板 12. 彩色珠串 13. 黑白珠串 14. 金色珠串	100 以内 +、-、×、÷
4. 千以内数概念十进位	12. 千珠链 13. 金色串珠组	15. 银行游戏 16. 邮票游戏	千位以内 +、-、×、÷
5. 平方、立方、倍数概念	14. 平方珠链 15. 立方珠链		
6. 分数概念	16. 分数小人	17. 分数小人,四等分图形	

附:一节老式的数学课(用于与蒙特梭利数学教育的对比)

这节数学课的教育内容是,学习"3 + 2 = 5"。

为了教会孩子们,教师采用了这样的方法,他在一把算盘上,拴了各种颜色的珠子。他在算盘最上面的一排拨了两个珠子,在下面一排拨了三个珠子,在最下面拨了5个珠子。

这节课是怎么进行的,我记得不很清楚了,但是我知道那个老师在上面除了串那两个珠子外,还串了一个穿着蓝裙子跳舞的小纸人,她以这个班里的一个小孩子的名字给这个小纸人命名为"玛丽丁娜",然后又在另外的三个珠子上加上一个不同颜色的穿裙子跳舞的小纸人,并把它取名为"吉吉娜",我不知道这个老师是怎样演示达到她此节课的授课目的的,但是我能肯定她一定对这些小纸人的跳舞讲了很多,以及移动它们也浪费了很多时间。

如果我记得这个跳舞的小纸人比我记得算术的过程更清楚的话,对于孩子们,又会是一种怎么样的记忆情况呢?如果用这样的一个方法能学会"3+2=5"的话,他们一定付出了极大的脑力努力,教师们也一定以为在数学课上谈到小纸人跳舞是非常必要的事情。

我还参加过的另一节课是,一个教师希望展示给孩子们噪音和音乐的不同之处。

她开始给孩子们讲一个很长的故事,然后突然某个人和她一起重重地敲门,这个教师停下来,并且喊叫:"这是什么,发生什么事情了!出了什么事了!孩子们,你们不知道在门口的这个人做了什么吗?我不能再继续讲我的故事了。我现在记不起来了。故事没法进行下去了。难道你知道发生什么了吗?你没有听见吗?你明白了吗?那是一个噪音,一个噪音啊。哦,我相当愿意与小宝宝一起玩。"

一边说着,她一边拿起一个放在她桌子上的一把小提琴:"是的,亲爱的小宝宝,我真想和你一起玩,你们没有看见我胳膊里抱着的这个小宝宝吗?"

几个孩子重复了几遍:"那不是个宝宝。"

其他人也跟着说:"那是一把小提琴。"

这个老师继续说:"不,它是一个宝宝,一个真正的宝宝。我喜欢这个小宝宝。你不知道我想展示给你们这是一个宝宝吗?现在,保持安静。宝宝好像是在哭,他或许是在说话,或许是在喊爸爸或妈妈。"

然后这个老师把她的手放在桌面下,她碰了小提琴的弦:"那儿,你听见宝宝哭了吗?你听见宝宝喊叫了吗?"

"那是小提琴,是你碰了它的弦,使它发出的声音。不是宝宝在哭。"

这个教师然后重复:"保持安静,安静!孩子们,听我正在做什么。"然后她拿出了那把小提琴,她开始奏响它,并且说:"这就是音乐。"

如果孩子们从这样的授课中能明白噪音和音乐的不同,那是相当可笑的。这些孩子们很可能会有这样的一个印象,那就是老师希望和他们开个玩笑,而且她是相当愚蠢的,她把一把小提琴错认为是一个婴儿,当她被噪音打断时,她的讲解没有一个清晰的思路。最可能的是,通过这节课,孩子们对老师的印象加深了,而不是这节课的初衷——想要给予孩子们的知识。

一个老师依照普通的方法准备一节简单的课,是一个非常难的任务。

我记得有一次,在为教师们准备了充足的材料,并且对他们作了详细解释后,我吩咐一个女教师去教孩子们。我希望她能够按照几何镶嵌的办法,让孩子们区分清正方形和三角形。

教师的任务很简单,就是把一块正方形木板和一块三角形木板正好镶嵌在能容纳下它们的地方。教师向孩子们示范怎么样把木板镶嵌进去,并引导孩子们跟着她做,一边做,一边说:"这就是一个正方形,这就是一个三角形。"

而那个教师却让孩子们用手触摸正方形,并一边说:"这是一条线,那也是一条线,另一条,另一条,这都是一些线。这里一共有四条线,用你的小手数数它们,然后告诉我,这里一共有几条线。而且还有角。数数这些角,用你的小手去摸一下它们。看,这儿一共有四个角。看这块模板,这就是一个正方形。"

我纠正了这个教师的方法,我告诉她这种方式,不是教孩子们认识几何图形,而是在教他们一个边、角、数的概念。这和她这节课打算教给孩子们什么东西的初衷背道而驰。

"但是,这是一回事啊。"她试着为自己辩护。

然而,事实上,这不是一回事,一个是几何分析,而另一个是数学。边和角本身是并不存在的抽象的东西,它们只能靠一个有形的模板才能体现出来。教师的详细说明不仅混淆了孩子们的思维,而且在具体的东西和抽象的东西之间架起了一座桥,造成孩子们在物体的形状和数学概念上的混淆。

在教孩子几何图形的同时,教给他数学概念,是因为我们感觉到这样可以让孩子较早具备某种能力。但是孩子们因为太小而不能体会到简单的几何图形。相反,让孩子们观察我们日常生活中司空见惯的窗户和桌子等他们经常能看见的一些东西的形状,他们就能领会。而且做这些,我们并不会感觉到有多困难。

我们之所以让他们注意到有形的几何形状,是为了让他们脑子里已经接受了的几何图形的印象变得更加清晰明了。

【作业】设计一个数学教具的展示页。

第五节 语文教育

蒙特梭利在"儿童之家"建立之初,只进行实际生活、感官教育活动。她当时非常坚定地认为,孩子在六岁之前不能教读和写。

但是,她发现孩子们的学习速度惊人,他们很快学会了自己穿脱衣服、扫地、擦洗家具、整理房间、开关柜子、用钥匙开锁;孩子们还能够把壁橱里的东西摆放整齐,可以照顾植物,更懂得怎样观察事物,如何用手去"看"物体。

之后,就有孩子找老师要求教他们读写。最初,老师拒绝了,但有几个孩子会在来学校时骄傲地在黑板上写字母给老师看。后来,一些孩子们的母亲也恳求老师教孩子写字了。这些母亲们相信他们的孩子可以在老师的帮助下不费力地学会读和写。经过再三思考,蒙特梭利决定尝试一下。

一、砂纸字母板

她受触觉板的启发,用砂纸剪成字母的形状。后来她发现这个创意太好了,第一,很容易做,而且可以同时给很多孩子用;第二,不仅用于认识字母,还可以用于组成单词;第三,砂纸做成的字母为手指临摹字母提供了向导,不仅在视觉上,还在触觉上直接准确地控制并教授书写的动作。

用浅色砂纸做元音字母并粘贴在深色卡纸上,用黑色砂纸做辅音字母并嵌在白色卡纸上。这样分类可以让孩子们注意到两者的区别并进行对比。

在使用三阶段教学法教完字母的发音后,马上让孩子们用右手食指像写字那样在砂纸上描摹。孩子们学得很快,在粗糙砂纸的引导下,他们凭着触觉可以用手指娴熟地在卡片上描摹出每个字母。孩子们可以无限次地重复描摹字母,而不用像第一次拿笔写字的孩子那样担心犯错。即使他描出界了,光滑的卡片也会提醒他出错了。

孩子们一旦成为描摹字母的专家,他们就会非常乐于闭着眼睛来重复这个动作。在砂纸的引导下去描摹他们看不到的字母,这样一来,通过肌肉触觉建立了对字母的感知。换句话说,孩子们是靠对字母的触觉来描摹的,而并非靠视觉,这种触觉形成了肌肉记忆。

当指导老师让孩子描摹一个字母的时候,孩子会对字母同时产生三种知觉:视觉、触觉和肌肉感觉。跟通过单一视觉形象描摹字母的传统方法相比,肌肉触觉让孩子在更短的时间内形成了对图形符号的记忆。

孩子的肌肉记忆是最长久也是最稳定的。蒙特梭利发现,很多时候孩子用眼睛不能辨认出的字母,通过触摸却能认出来。除此之外,图形也同时与字母的发声相互联系着。

蒙特梭利发现,如果孩子们只盯着字母看就会犯错误,而通过触摸就能准确说出字母。她让孩子们临摹卡片上的字母,先只用食指,然后用食指和中指一起,再以握笔方式握住小木棒。必须按照书写的笔画顺序临摹字母。

二、金属嵌板

孩子们的书写准备,除了对字母的认识之外,还需要锻炼他们写字时所需的肌肉以及手脑协调。

为此,蒙特梭利专门设计了金属嵌板让孩子们练习双手。他们可以先取出金属框架并把它放在白纸上,用彩色铅笔勾勒出空框架的轮廓,然后取走框架,让白纸上留下一个几何形图案。然后,他们可以选择另一种颜色的笔去描摹嵌板的轮廓。此时他们会发现,一个用框、一个用嵌板画出来的形状是一样的。孩子会被这个现象吸引住。他们惊讶地发现两个差别如此巨大的图形可以复制出相同的图案。

之后,孩子可以为图形轮廓上色。他们给这些正方形、三角形、椭圆形、梯形上色,把它们涂成各种颜色,也可以用一些线条来装饰这些形状。

孩子们最初涂色的笔画短而且杂乱无章。渐渐地,笔画开始变长、变平行,最后变成规则的上下笔画,从一边涂到另一边。这种现象说明,孩子们控制了画笔,建立了对写字工具运用至关重要的肌肉协调机制。通过观察这种练习,老师可以对儿童的握笔熟练度有一个清楚的认识。

即使当孩子们学会写字后,他们仍然可以继续做这些练习,此时他们会进行更有创意的图案描绘。

三、发音练习

一天,一个两岁半的小男孩和他的母亲坐在蒙特梭利的旁边。蒙特梭利把教学用的字母分散地放在几把椅子上,这些字母的顺序已经被打乱,然后把它们放回到相对应的盒子里。一系列工作完成后,蒙特梭利把这些盒子放在旁边的两张小椅子上。这个小男孩观察着蒙特梭利的一举一动,最后,他走近盒子取出了一个字母,这个字母刚好是 f。在旁边一路纵队奔跑玩耍的孩子们经过他们身边时,看到了这个字母。他们一同高喊出字母的发音,然后又跑开了。

小男孩最初没有留意那些孩子们,他把 f 放回盒子里,接着又取出一个字母 r。周围的孩子们再一次跑过来,看着小男孩笑了,然后开始大喊:"r,r,r!r,r,r!"

逐渐地,小男孩开始明白,每当他手举一个字母,周围经过的孩子们就会喊出一个声音。这一发现引起小男孩极大的兴趣。蒙特梭利开始观察小男孩对这个游戏能有多久的热情。结果,他玩了足足有 45 分钟!

在旁边玩耍的孩子们也对这个小男孩产生了兴趣,他们异口同声地喊出字母的发音,小男孩惊喜的表情又让他们哈哈大笑。

最后,在多次举起字母 f 并从孩子们那里听到同一个发音后,小男孩再次拿起 f,一边给蒙特梭利看一边说:"f, f, f!"

这些吸引了奔跑玩耍中孩子们的字母给小男孩留下了极深的印象。他从刚听到的一系列让他困惑不解的声音中,学会了这个字母的发音。

四、组词练习

当孩子认得部分元音和辅音之后,老师把他们认识的字母装到一个盒子里,指导老师先清晰地读出一个单词,例如"ma—ma",然后从盒子里拿出字母"m",再不断重复其发音。几乎所有的孩子都会一下子找出"m"并把它放到桌子上。指导老师接着重复"ma—ma",孩子们就会挑出字母 a 并把它放到 m 的旁边。

一旦孩子掌握了这个游戏规则,他们就会兴致勃勃地主动去玩。我们可以随意朗读一个单词,看孩子们是否知道这个单词是由哪几个字母组成的。然后,找出与发音相对应的字母并组成一个新单词。蒙特梭利描述孩子拼写字母时的神态:"他们会一动不动地坐在那里,全神贯注地盯着放满字母的盒子,嘴唇不由自主地一张一合,继而一个一个地取出单词所需的字母。"孩子动嘴唇说明他们正在不断重复单词的读音,并把读音转化为相应的字母。当他们拼完这些常用单词后,会自发地把单词朗读好几遍,一边读一边若有所思。

当孩子听到其他人读出他刚刚拼好的单词时,会表现出一种满足与成就感,并沉浸在惊喜之中。他很高兴他们能通过符号进行交流。对孩子来说,书面语是他们聪明才智表现的最高水平,同时,也是对他们伟大成就的奖励。

五、书写练习

在一个阳光明媚、温暖如春的日子里,蒙特梭利和孩子们在一起。蒙特梭利看到旁边的烟囱,就对旁边的一个五岁小男孩说:"给我画一幅烟囱的图吧!"并递给他一支粉笔,他很听话地坐下来,在瓦片铺成的屋顶上画了张烟囱的图。蒙特梭利夸赞他的作品。小男孩开心地笑了,随后他大喊道:"我还能写!我还能写!"接下来他蹲在地上写下了"手",接着又劲头十足地写出了"烟囱"、"屋顶"。他一边写还一边喊着:"我能写字!我知道怎么写字!"他的欢呼声吸引了周围的孩子,这些孩子围在他身边,无比惊奇地看着他写下的字。有两三个孩子兴奋地说:"给我粉笔,我也能写。"他们还当真写下了好多不同的单词:妈妈、手、约翰、烟囱、阿达。这些孩子中没有谁用粉笔或其他的工具写过字。这是他们第一次写字,并且写下完整的单词,就像一个孩子第一次讲话就讲出完整的句子一样。

婴儿说的第一句话能带给母亲妙不可言的快乐。而蒙特梭利认为,这些孩子们写的第一个字则让他们自己感受到前所未有的、难以形容的喜悦。写出第一个字的孩子内心会无比喜悦,他会叫每个人来看他写的字,如果有人没有来,他就会跑过去拽住他们的衣服强迫他们来看。

在儿童之家的孩子们忽然发现自己能写字时,连地毯上都写满了歪歪扭扭的字。有些孩子的妈妈给孩子铅笔和纸。一天,一个孩子带到儿童之家一个写满字的小笔记本,他的母亲告诉蒙特梭利,这个孩子从早到晚都在写字,就连晚上上床睡觉手里都会握着纸和笔。

六、书写和阅读

蒙特梭利认为"写"先于"读"。阅读是理解书面符号的意义。一个孩子,没有听到单词的发音,却能认出在桌子上用字母拼写出来的单词并能够说出其意思——这样的孩子就是会读。书写主要是心理运动;而阅读,则是纯粹的智力活动。书写使孩子们能够理解组成单词的字母发音。他们在懂得拼写单词后,便懂得读组成单词的音。

当把一个单词放在一个会"写字"的孩子面前,为了理解该单词,他必须阅读。这时,他会保持沉默,以写字一样慢的速度读出其各个成分的发音,但他必须知道这个单词的意思,才是阅读,这是一个高级的智力活动。书写可以引导并完善孩子的有声语言机制,阅读则可以帮助孩子发展思维并将其与语言发展联系起来。确实,书写可以帮助其发展生理语言,而阅读则可以帮助其发展社会语言。

七、图文卡配对

阅读要先从名称开始,从孩子们熟知的物体名称开始。而不是从所谓的简单单词或是难单词开始。因为孩子们早已知道这个单词是怎么发音的了。读完每一个单词,孩子们就会把说明性的卡片(卡片上有物体的名称)放在相应的物体之下。

蒙特梭利曾经设计过一个用卡片换玩具的阅读游戏:大桌子上摆放着各式各样的玩具,每个玩具都配有一张写着其名称的卡片。把卡片对折,放在篮子里打乱,并让那些会

"读"的孩子轮流从篮子里随意抽出一张,然后让每个人带着卡片回到自己的座位,静静地打开,在心里默念。不能让身边的人看到上面的字,然后让他们把卡片重新折起来,因为这样一来,就只有他一个人知道卡片上的秘密了。

之后,把折好的卡片交给老师,同时在桌子上找到卡片上相应的玩具,清晰地读出它,让老师判断自己是否读错。完成任务后,那张卡片就成了"流通硬币",凭借这"硬币",他就能获得卡片上所指的玩具。只要他清楚地读出单词并指出相应的玩具,老师就会让他把玩具拿走,直到他玩腻了为止。

每个人都轮上一遍后,老师会让第一个学生从另一个篮子里再抽出一张卡片。这次,他刚抽出卡片时就要读出上面的单词,那是他一个小伙伴的名字,因为小伙伴还没学会读,得不到玩具,所以读出卡片单词的孩子要把自己的玩具分给小伙伴。

这种"阅读游戏"的效果相当令人满意。能够拿着可爱的玩具,即便是一小会儿,对于这些孩子来说,其快乐也是不言而喻的。而之后让蒙特梭利惊讶的是,在孩子们理解了卡片上的单词后,竟然不要玩具!他们说他们不想把时间浪费在玩上,他们希望继续抽卡片、读卡片。

蒙特梭利看着孩子们,认为自己在儿童的伟大面前,显得如此无知——"站在满怀渴望的他们当中,我才发现他们所热爱的是知识,而不是愚蠢的游戏"。

于是老师们把玩具拿开,写了数百张纸条,上面写了孩子们的名字、城市名、物品名、颜色,以及通过感官练习而了解的各种特征。之后老师把纸条装在没有盖的盒子里,放在孩子们够得着的地方。本想善变的他们会从一个盒子走到另一个盒子,但这次蒙特梭利又想错了,孩子们只有在发现手底下的盒子空了时才会移到下一个盒子去,因为他们在如饥似渴地阅读。

一天,蒙特梭利来到学校,发现老师让孩子们把桌子和椅子搬到阳台上——在露天环境中上课。有些孩子在阳光下玩耍着,其他人则围着放有砂纸字母和可移动字母的桌子坐一圈。

老师坐在稍远的地方,腿上放着一个狭长的盒子,里面塞满了写有字的纸片。孩子们的手挤在盒子边缘,都想拿出一张心爱的纸片。

"说出来你也许不相信,"老师说,"我们玩了不止一个小时,但他们还没玩够!"老师们试着给他们球、洋娃娃之类的玩具,却徒劳而返。知识所带来的乐趣是那些东西所不能比的。

母亲们很快知道孩子们所取得的进步。有些人的口袋里放着小纸片,上面写着一些已购物品,像"面包"、"盐"之类的。孩子们居然为妈妈们写购物清单了!一些母亲告诉我们,她们的孩子不再在大街上到处跑了,而会停下来读路边商店上的标志。

有个四岁小男孩的父亲是一名议员,经常会收到很多信件。一天,父亲坐着看书,儿子在一边玩耍,佣人进来把一堆刚到的信件放到桌子上。小男孩感兴趣了,捧起每封信,大声地读出上面的地址。对于他父亲来说,这简直就是奇迹。

至于学习读写所需的平均时间,根据蒙特梭利的经验,孩子在学会"写"的那刻起,从低级阶段的图形语言,到阅读这样的高级语言阶段,平均要两周。读得好要比写得好慢得多。许多写得一手好字的孩子,其阅读能力依然不怎么样。

每个同龄孩子的读写能力都是不一样的。老师们从来不强迫他们,也没有邀请或者诱使他们去做任何违背他们意愿的事。以前的教学方法压制了一些孩子的学习意愿并摧毁了他们自主学习的过程。因此教育家们不认为孩子在六岁前有必要接受书面语言教育,可蒙特梭利通过对儿童的观察发现,儿童完全可以在五六岁学习书面语言。

八、短语阅读游戏

看到孩子们能阅读后,蒙特梭利的朋友做了一些插图精美的图书给她。她在浏览了这些简单的神话书后,觉得孩子们肯定看不懂。可每天和孩子们在一起的老师们对他们学生的能力有十足的信心,都想证明蒙特梭利错了。

他们让不同的孩子在蒙特梭利面前朗读,并声称这些孩子比学完二年级的小学生念得还要好。为了不让自己被假象迷惑,蒙特梭利做了两个测试。

蒙特梭利请教师给孩子们讲述书上的一个故事并观察孩子们感兴趣的程度。听了几个单词后,他们就开始走神了。教室里逐渐响起了嘈杂声,每个人都没有听,都在继续他们自己的事。很显然这些喜欢读书的孩子并不喜欢听别人读,他们喜欢的是运用他们已经掌握的能力——将图形符号转化为他们所认识的单词。可孩子们在阅读时,没有表现出阅读纸片时的那种耐力,因为书上有许多他们不认识的单词。

蒙特梭利的第二个试验是让一个孩子读给她听。在他读的过程中,老师没有用任何解释性的语言去打断他(老师们常用这种方法来帮助学生理解故事的线索,比如,他们说,先暂停一分钟。你懂了吗?你读了什么?你刚刚说过那个男孩驾着辆马车,是吗?请注意书上所说的)。蒙特梭利把书递给他,友好地在他身边坐下。听完后,就像朋友那样,简单而认真地问他:"你理解你读的那些东西吗?""不懂。"他脸上的表情好像在问我为什么要这样问。

书来源于逻辑语,而不是来源于语言。要想理解并享受读书的乐趣,孩子们必须有逻辑语言。会读书中的单词与能理解书中的含义两者之间的关系,就像是会发音与会说话两者之间的关系一样。因此蒙特梭利暂停了让孩子们朗读书籍的训练,等待着时机的成熟。

一天，在自由聊天期间，4个孩子同时站了起来，欢快地跑到黑板上，写下了如下的话：

"我们花园里的花开了，我们是多么高兴啊。"

惊诧之余，蒙特梭利被深深地感动了。这些孩子自然地到了艺术创作的阶段，就像当初他们写下第一个单词那样自然。当时机成熟时，逻辑的有声语言就会引发书面语言的爆发。

蒙特梭利知道进行短语阅读训练的时期已经来临了。于是按照孩子们的做法，在黑板上写道："你们爱我吗？"孩子们缓慢而响亮地读出来，接着便是一阵沉默，他们仿佛在思考，然后喊道："爱！爱！"蒙特梭利接着写："那就安静一下，看着我。"他们大声地读着，几乎是在喊，然而他们还没读完，一种严肃的安静便在周围传播开来。安静得只能偶尔听到他们为了静静坐着而改变姿势时带动椅子的声音。

就这样，蒙特梭利和孩子们之间展开了书写语言的交流，这引起了他们极大的兴趣。他们逐渐发现了书写的重要性——传递思想。每次老师开始写字时，他们都热切地想看懂老师所表达的意思。

老师在一些卡片上写了一句话，描述了孩子们要做出的动作，比如："把窗帘拉上，打开前门，然后等一会儿，最后把所有东西恢复原状"；"礼貌地让8个伙伴站起来，在教室的中间排成两列，并让他们踮着脚尖来回走，而且不能发出声响"；"邀请3个年龄最大而又很会唱歌的小伙伴，如果他们愿意的话，让他们站在屋子中间，排成整齐的一列并合唱一首你选的歌"；等等。

孩子们拿到卡片回到座位上，安静而专注地读。"你们看懂了吗？"老师问道。"是的，我们明白了。""那就按照上面的话做吧。"于是教室里响起了新的挪动声，有些人把窗帘拉上，过会儿又把它拉开；另一些人让小伙伴踮着脚尖跑或让他们唱歌，其余的在黑板上写着字，或是从柜子里拿出指定的东西。

惊喜与好奇产生了一种安静的氛围，所有人都怀着强烈的兴趣。这成了孩子们最喜欢的游戏之一：先安静下来，然后拿出个篮子，里面装满了叠好的纸片，上面写有描述动作的短语。会读的孩子抽出一张纸片，在心里默念，直到完全明白其意思，然后把纸片还给老师并做出相应的动作。

这些动作需要其他仍旧不会读的孩子帮忙，而且也需要使用道具才能完成，因此这游戏极其有序地进行着，除了小脚轻轻跑的声音和歌声外，没有别的声音。就这样，他们的自律性也在不知不觉中提高了。

语言教育的目的及内容

语言教育的目的	直接目的	书写：促进幼儿的手眼协调和书写能力 认读：让儿童理解单词、字及句子的意义
	间接目的	① 能准确地表达自己的思维、想法和感受 ② 培养倾听与沟通能力 ③ 吸收文化
语言教育的内容	口语语言	① 听觉练习② 视觉练习③ 口语练习,拼音、发音
	书面语言	① 写的准备② 写的完成③ 阅读
语言教具		① 砂纸字母板② 活动字母箱③ 双字母砂纸板④ 偏旁笔顺砂纸板⑤ 实物配对汉字砂纸板⑥ 字母与汉字嵌板⑦ 图形嵌板

【作业】设计三套语文教具。

第六节 文 化 教 育

现代教育非常重视对知识的学习。一说到文化课,除了前面提到过的数学、语文学习之外,还有社会常识、自然科学、艺术课程等。在蒙特梭利教育内容里,后面这三类内容可以被归于文化教育。

蒙特梭利非常重视自然教育。她认为,孩子必须沉浸在大自然中,感觉到大自然的力量。这绝不是为了学习自然知识或者是单纯的身体需要,而是对于孩子的精神方面也非常重要。"孩子在天地间呼吸,触摸大自然,他的心灵会与天地万物密切交融,吸纳天地万物间灵气和精华,汲取有益的养分。他会感觉生命更加美好,人类的生命也会更加富有灵性。他也可以从天地间的生物中直接攫取到教育的力量。""达到这一目的的方法就是安排孩子们从事农业劳动,引导他们培育动植物,对自然界的一切现象都进行智力沉思。"

自然教育的方法,蒙特梭利归纳了下面五个方面。

一、孩子们应该对生活中的自然现象进行观察

孩子对植物和动物所持的态度应该与观察他们的教师对他们的态度相类似。随着兴趣的增加,他们的观察也会越来越细致,他们对小生命的热情关心也会与日俱增。用这个方法,孩子能从逻辑上理解,为什么妈妈和老师会对他那么关心。

二、孩子应该通过自发教育而具有预见能力

当孩子知道种子已经播种在土地里,植物要依靠他的辛勤浇水和施肥,才能长得很好,不会干枯;那些动物,也需要他的精心喂养和呵护,才不会遭受饥饿时。孩子会变得警觉,他开始感觉到他的生命中有了一个使命,而且,有一个相当不同于他的妈妈和老师呼唤他要尽职尽责的使命,他永远不会忘记现在正承担的责任。

在孩子和生物之间有了一个神秘的微妙的关系后,再告诉孩子去完成某种明确的动作,不需要老师的干预就能进行,而且他还将获得一个自发教育的结果。收割庄稼时的回报也存在于他和自然界之间。

有一天,他不断地给一只正在孵蛋的鸽子喂食,付出了持久的耐心和关心。他看见小鸽子诞生了,他注视着这些小生物。

昨天母鸡还一动不动地待在它的窝里,今天在它身边就多出了一些叽叽喳喳的小鸡!

兔笼子里本来有一对寂寞的大兔子,没过几天,在它们的笼子里,就多出了一只可爱的小兔子,许多次,他从妈妈的厨房里拿出绿色的蔬菜喂它们。

在米兰的"儿童之家",有一对美丽的"美国"小白鸡,它们住在给盖的小得出奇的、精致的鸡舍里,它的建筑风格类似于中国的宝塔。在鸡舍前面,为它们留出一片地,供它们游戏。鸡舍的小门在晚上的时候就被锁上,孩子们轮流照顾它们。老师们能看见,在早晨他们开了门,进去给它们喂水、喂食和白天观察它们时,是多么的细心!

晚上,他们确信小鸡什么都不缺时才会锁门。发现,在所有的有教育意义的练习中,

这个是最受欢迎的,而且好像也是最重要的。许多时候,当孩子们平静地接受他们的任务或者做他们喜欢的工作时,一个、两个、三个都默默地站起来,走到鸡窝里去看一眼它们需要什么。

经常发生这样的情况:一个孩子会心不在焉很长时间,但他观察在喷泉里水中被太阳照射得闪闪发光的鱼儿在水中自由自在地游动时,他是那么的陶醉。

一天,一封来自米兰的老师写的信,她在信中带着极大的热情讲给蒙特梭利一个真实而精彩的消息:小鸽子孵出来了。对于这些孩子们,这就像是一个盛大的节日。他们在一定程度上感觉到自己是这些小东西们的父母。这种自豪的想法,激起了他们内心真实细腻的感情,且没有丝毫矫揉造作。

培养植物同样带给他们很大的快乐。在罗马的"儿童之家",沿大平台布置了许多花盆。靠近墙种植了许多攀援植物。孩子们从来不会忘记用小喷壶去给这些植物浇水。

一天,我发现他们围成一圈,坐在地上,原来他们在观看头天夜里开的一朵玫瑰。他们安静而平和,真正地沉浸于冥思遐想中。

三、孩子们被教育有耐心的美德和有信心的期望

这是信仰的形式和生活的哲学。当孩子们把种子播撒在土壤里时,等待种子结出果实需要经历一个漫长的过程,第一次看见成长的植物,等它们开花结果,他们能看见一些植物发芽早一些,一些发芽晚一些,甚至会发现落叶植物有一个简短的生命,而结果实的树却长得很缓慢。看到这些,他们会获得一种心灵的平衡,并且会萌生出生活的智慧。

四、培养孩子们对大自然的感情

大自然用它创造的神奇力量,慷慨地回报人们的劳动,帮助人类演变并衍生出新的生命。

在劳动中,孩子们的心灵和他们照顾下得到发展的生物之间,也衍生出一种关联,孩子们自然而然地热爱这些生命。孩子们很容易会对蚯蚓和一些幼小的昆虫运动产生兴趣,并且不会产生任何恐惧感。

而我们这些从小远离大自然,又没有接触过某些动物的人却会感到害怕。培养他们对自然界生物的信任感是非常好的,这是一种爱的形式,是同宇宙融为一体的一种形式。

但是,我们最应该培养的一种对自然的感情是对植物的爱,因为植物只要依靠自己自然的发展就能回馈给人类很多,而它们索取的却很少。它们展示着自己无限的美丽。当

孩子种植了蝴蝶兰或者紫罗兰，玫瑰花或者风信子，播下种子或埋下根茎，然后定时给它浇水，或者已经种植了一棵结果的树，那盛开的花朵和累累的果实就是大自然馈赠给他们最慷慨的礼物，他们只付出了很少的努力就得到了这么丰厚的回报，这好像是大自然用它的礼物回报耕耘者辛勤的劳动，以及回报他们对它的渴望和热爱之情。

当孩子不得不采集他的劳动成果时，情况就不同了：果实全部用于消费，最后变得越来越少。这在他们的心理上产生了一个意识：人必须付出劳动，才能得到果实。

五、儿童必须沿着人类发展的自然道路前进

简而言之，这种教育使得人体发展和人类发展变得协调。

通过农业生产，人类从自然状态进入了人工状态。当他发现加大土壤生产的秘密时，他就获得了文明化的回报。注定要成为文明人的孩子也必须经历这条道路。

玛丽亚·蒙特梭利对于孩子成长的认识永远是站在世界的高度和一生的长度上来考量的，所以她决不会将自然教育局限在认识一些知识和增长一些能力上。她对于儿童在艺术领域活动的认识上也有体现。

六、泥塑练习

她在"儿童之家"开展一些有趣的泥塑练习。孩子们还学习制作陶器。

孩子们非常细心地保护他们制作出来的产品，那些产品让他们充满了对自我肯定的自豪感。他们非常热衷于用他们的陶艺技术去制作一些小物体，像鸡蛋和水果等，先是用红黏土做成一个简单的陶器，然后装上用白黏土做的鸡蛋。他们还仿制带有一个把柄、两个把柄或者带有小口的陶器以及酒杯、酒罐等。

五六岁的孩子开始用陶工旋盘来进行制作。但他们最高兴的事情是用小砖头砌墙。当他们看见自己做的小房子，周围还有他们亲手栽培的植物时，他们的心里就会感到非常满足。

通过这种练习，孩子们在童年时期就大致了解了人类从游牧生活到定居生活所要经历的最原始的劳动。人们必须向土地索要果实，建设自己的房屋，制作陶器，用以煮熟肥沃的土地里生产出来的食物，才能过上美好的生活。

文化教育的目的和内容

文化教育的目的	直接目的	满足并激发儿童对自然与社会环境的兴趣,建构概念系统,获得自然与社会常识
	间接目的	培养儿童对大自然的热爱、好奇心、求知欲 培养儿童的观察力、综合判断力、归类推理能力等学习力 吸收文化
文化教育的内容		①历史(对时间的认识、生日、民族文化等);②地理(宇宙、地图、地形等);③动植物(动植物);④科学(物理、化学现象等);⑤音乐;⑥美术
文化教具		①活动时钟;②嵌板类;③拼图类;④三部卡(各种内容的图片与文字配对的卡片);⑤小书;⑥实验器具:磁铁、放大镜等

第七节 学习内容的先后顺序

一、第一阶段

1.（感官）圆柱体插座

做这个练习的时候孩子们开始集中注意力,他们作比较、作选择。练习包括从易到难的几个阶段,对错都由教具本身进行控制(如果不按顺序放置,就无法放进物体。只要求孩子们做一些简单的移动(坐在那儿用手将物体按顺序放置)。

(1) 用高度相等、直径递减的圆柱体做练习。

(2) 用体积递减的圆柱体做练习。

(3) 用只有高度递减的圆柱体做练习。

2. 生活实践

轻轻地搬动椅子、系丝带、扣纽扣、挂挂钩等等。

二、第二阶段

1. 生活实践

安静地坐下、起立、沿直线走。

2. 感官

棕色梯、粉红塔、长棒、彩色圆柱体等。这个练习中物体的体积都略大一些。孩子们只能通过眼睛识别其中的不同来操控对错。孩子们在完成复杂而困难动作的同时还要做一些肌肉运动——孩子们要把物件从桌子上移到地毯上,需要起立、跪下。

3. 感官

温度觉和触觉练习。

4. 感官

颜色配对练习,识别两种颜色。这是第一次色觉练习。

三、第三阶段

1. 生活实践

孩子自己洗漱,自己穿衣、脱衣,擦洗桌子,拿各种物品,等等。

2. 感官

识别不同等级的刺激物(不同等级的触觉刺激、色觉刺激等),并让他们自由地进行练习。听音筒、重量板、几何拼图橱。这些练习已经使孩子形成了一种规范,被看作是由感官训练通往书写训练的桥梁——从准备阶段过渡到实际的书写教学。

四、第四阶段

1. 生活实践

午餐前孩子们自己摆放收拾餐桌,学会收拾自己的房间,学会进行个人护理(如刷牙,修剪指甲等)。

2. 优雅礼仪

他们知道如何控制自己的身体动作(如何保持不动,如何在移动物体时不让物体掉落或打碎,并且不发出声响)。

3. 感官

在这个阶段,重复之前所有的感官练习。重点是几何拼图橱的练习。孩子从触摸几何嵌入物的轮廓到练习描画出相应的几何图形,这些几何图形还是感官教育的一种延续,能帮助孩子观察到他们周围的环境。因此,孩子们便会将这些内容添加到自己的智力提升中去。

4. 音乐

使用音感钟,让孩子们识别音符。

5. 绘画

金属嵌板的使用。在孩子们开始用金属平面几何嵌入物练习之前,描摹轮廓时就已经能协调各种动作了,现在他们不再用手指,而改用铅笔将图形的轮廓临摹到纸上。然后,他们会用彩色铅笔给图形填色,而其握彩色笔的姿势与他们以后握笔写字的姿势是一样的。

6. 语言

识别并触摸砂纸上的字母。

7. 数学

从长棒过渡到数棒。根据蓝色和红色的节数从 1 号棒开始数到 10 号棒,并将数字放在"长楼梯"对应的木棒旁边。然后,孩子使用数字与筹码学习奇数和偶数。

五、第五阶段

继续前面的练习,并加快节奏和难度。

1. 美术

在绘图练习中,我们开始使用水彩颜色自由描绘自然界中的物体,比如花等。

2. 语言

用可自由组合的字母组成单词和短语。自己拼单词和短语,并读出老师准备的纸片上的内容。

3. 数学

使用各种数学教具不断深入学习。

4. 文化

各类社会、自然知识的学习。

第八节 蒙特梭利教育环节和步骤

一、蒙特梭利教育环节

(一) 走线

1. 走线的指导思想

儿童掌握行走的能力,靠的不是等待这种能力的降临,而是通过学习走路获得的。学会走路,对儿童来说是第二次出生,这时他从一个不能自主的人,变成了一个积极主动的人。成功地迈出第一步,是儿童正常发展的主要标志之一。

2. 走线的来源

玛丽亚·蒙特梭利在讲学时曾经到过印度,在那里,她为古老而神秘的东方文化所吸引。特别是印度的"瑜伽"对她触动很大,引发了她的灵感。于是,她将其融入蒙氏教育的走线工作中,使孩子心灵沉寂,专注平静,为孩子一日工作奠定了良好的基础。同时,根据孩子生理发展的需求,走线过程可进行全身肌肉的控制,肌体的协调练习亦可锻炼孩子的意志力,益于孩子的身心发展。

3. 蒙氏线

椭圆线形圈,类似于一个跑道,两边为直线,两头为弧线,也可用宽5cm左右的胶带在地板上贴出一个白色或彩色椭圆形,如果教室很大的话,使线位于教室一侧而不是中间。

4. 走线的目的

(1) 发展平衡感;

(2) 锻炼大肌肉的协调能力与自我控制;

(3) 培养意志力、独立性;

(4) 使孩子充分集中注意力,稳定情绪;

(5) 培养对音乐节奏的感受力和反应能力。

5. 走线的阶段

(1) 同方向运动。要求孩子学会保持距离,不推挤别人。

(2)两脚走在线上。

(3)有控制的较正确的走线。此时孩子应具备三个概念:一是控制距离的概念,二是走在线上的概念,三是正确走线的概念。

(4)持物走线。

(5)综合性增加难度的走线。

(6)赤足走线。

6. 走线音乐的选择

(1)初期(熟悉线)。选择一些舒缓、宁静而又悠扬的轻音乐,用音乐给孩子创造一个心情平和、安静的和谐氛围。此时适宜随意走线。

(2)找平衡阶段。练习脚跟对脚尖走,音乐仍以轻音乐为主。

(3)平稳前行阶段。柔和轻音乐与欢快活泼音乐均可选择。发展前进走、后退走、前跑、后退跑、前跳、后退跳、边走边听指令等能力。

(二)静寂游戏

静寂游戏,类似于全脑冥想,舒缓的音乐安静情绪,被称之为肃静游戏或安静游戏,目的在于发展幼儿独处的能力,增强自我控制力,并使幼儿在安静的环境中建构自我的概念,培养主动学习的意识。

1. 基本操作

(1)教师小声说:"双脚并拢,后背挺直,慢慢坐在椅子上,手放在膝盖上。"

(2)闭上眼睛,直到老师说睁开为止。

(3)听到了什么声音呢?静静地听,听到了要记在心里。

(4)听到老师说张开眼睛后,眼睛轻轻张开。

2. 操作内容

(1)聆听声音。

① 铃声、时钟声、乐器的声音。

② 外界的种种声音,如:车声、人说话的声音、扩音器的声音、鸟的叫声、雨滴的声音等。

③ 自己的心跳声、脉搏声。

④ 听老师叫自己的名字的声音,被叫到的小朋友轻轻走到教师身旁,握握手。

⑤ 轻声传话。

(2)不出声的游戏。

① 问好。嘴巴动,不出声。

② 避难训练。如：狼来了，不出声。

③ 比比看谁先笑。

④ 比比看谁先眨眼。

⑤ 1、2、3，木头人。

（三）老师示范操作(1 种/15 分钟左右)

1. 三阶段教学法

（1）命名：本体的认识。其目的是建立实物和名称之间的关系。（先由物体——名称）

教师：这是红色的。（可带领幼儿跟读）

（2）辨别：对照物的认识。（由名称到实物）

教师：请把红色拿给我！请告诉我红色在哪里？

（3）发音：类似物间的辨别。（实物的确认和辨异）

教师：请问这是什么颜色？（指向物品）

幼儿：这是红色！

2. 延伸操作方法

（1）序列。按照一定的顺序进行排列。如按照从大到小的顺序进行排列，或按照颜色深浅进行排列等。

（2）配对。相同特征的配对，相似特征的配对等。如颜色配对、数字与数量的配对。

（3）归位练习。在序列操作的基础上，请儿童闭上眼睛（或戴上眼罩），教师从顺序摆好的序列中随意取出一个放在儿童面前，将剩下队列整理好，请儿童睁开眼睛（或摘下眼罩），找到被选出来的那一个原来的位置，并把它放回原处，也可将选出来的一个藏起来，请儿童指出位置后放回。

（4）伴随记忆练习。配对和序列均可通过增大教具或时间的间距进行伴随记忆练习，间距越大，感官练习的困难程度也越大。如插座圆柱体与底座的距离间距或时间间距的练习。

（5）组合练习。蒙特梭利教具具有双重结构化特征，某些教具在组内或组间的建构维度的尺寸相同，教师可给儿童适当提示启发孩子自主观察，通过认真思考、利用教具间尺寸相合的性质进行相互结合的操作。如粉红塔与棕色梯、彩色圆柱与插座圆柱体。

3. 教具操作步骤

（1）说明操作主题。如今天我们一起用色板来认识颜色。

（2）取工作毯。慢慢走至工作毯架旁边侧身，伸出一只手，将大拇指插入卷好的工作毯中心圆洞中,其余四指握住外侧,另一手握住工作毯中下端部位,两手合作慢慢抽出工作毯。

(3)铺工作毯。选定一个地面,将工作毯放在地上。从左往右铺工作毯,铺开后进行整理,直到工作毯铺平。

(4)取教具。慢慢走至教具柜前,双手从教具柜上取出教具。慢慢起身,走至工作毯前,将教具放置在工作毯上,跪坐好后,将教具置于工作毯的右下角。

(5)展示教具。介绍教具名称,展示教具构成材料。

(6)操作教具。不用的收藏起来,教具在工作毯上的摆放位置要美观。

(7)整理教具并送回教具柜。教具操作完后,整理好相关的材料,先从跪坐起身站立,弯腰端起教具,慢慢站直后,走至教具柜前,将教具放回教具柜。

(8)收放工作毯。花色面朝外卷。送回工作毯的姿势同取工作毯的姿势。

(9)坐回原位提示幼儿自由操作。

4. 幼儿操作,老师个别指导

(1)幼儿自由选择教具操作,教师辅助幼儿进行选择。

(2)教师通过观察,随时给孩子提供帮助,进行有效的指导。

(3)地面上的操作练习必须在工作毯上进行,提示幼儿先取工作毯,再取教具进行操作。

(4)结束活动(归位教具)。提示幼儿整理教具并送回教具柜。

二、蒙特梭利教育的步骤

1. 预备环境

蒙特梭利教育体系的基本方针,在于利用各种不同的感官教具,唤醒孩子的感受和动力。这些教具并没有绝对的价值。让孩子对这些教具产生兴趣,想要去使用它。

为了"等待"孩子专注及反复的行为发生,要创造一个不打扰孩子、让孩子能沉浸在工作中的环境,让孩子可以自由把握自己的工作进度,从而可以出现自发性的重复行为。

老师的工作仅限于提供教材用具,至多示范教具的使用方法,之后就让孩子自己展开他的学习之路。蒙特梭利的教学宗旨是引领、开发孩子的精神力量,而非一味地把知识灌输给孩子。

2. 发现意愿

当孩子出现反复操作某个教具的现象时,说明儿童内在的某种智能正在得到建构和发展。只有当儿童感到工作的乐趣,且这项工作又正好符合他的内在需要时,这种重复现象才会发生。

3. 协调意愿

在孩子的自我学习过程中,教具的操作方法是最重要的一环。老师需要一而再、再而三地示范教具的操作,因为孩子对他身边的一些东西常常不太注意,即便注意到了,大概也猜不到这些东西的用法。所以,老师得随时准备作示范。

以西式餐具为例子,西方人都很清楚餐桌上刀叉的用法,但是如果换成一个不懂得用刀拿叉的东方人,他心目中的刀叉是另外的用途,他会拿起来舞弄一番,只因为他从未曾见过任何人使用刀叉吃饭。所以说,老师在教学中需要持续作示范。

4. 延长工作周期

当孩子集中注意力于工作上时,老师一定要尊重孩子,千万不要在一旁纠正或是突然给予赞美,这样反而打扰了孩子。

教师要用尊重一位科学家或艺术家的心态,去尊重孩子专注的学习操作,但当发现孩子把教具当成玩具玩,而不是用来操作时,就应该介入其中。蒙特梭利说:"我对孩子的智能活动尊重程度,就像尊重艺术家的灵感巧思一般,甚至有过之而无不及。如果我到了一位艺术家的工作室,却发现他在抽烟、玩牌,我当然不怕打扰他,还会对他说:'喂,我的朋友,你在玩什么啊?'"因为他正在做的事无须太费神。"放下你的画笔,让我们一起散散步,享受一下阳光吧!"

蒙特梭利教学法里所指的尊重必须有以下几项基本原则:能够察觉出孩子不同的体能状况;鼓励孩子发展对其身心健康有益的行为,打消其他不好的念头,因为它们既无建设性,对孩子的发展也没有什么贡献,只会让孩子的精力用错地方,伤害孩子的发展。

5. 教育计划的再设计

建立起"观察—实施—记录—研究—发现—重新针对他们的进步需要而对教育计划的再设计"的循环。

由于孩子的不断成长和他们之间的个别差异,以及敏感期各有不同,使老师的教育规划需要不断改进。唯有透过实际的观察、记录、研究,才能深入切实地发现儿童内在的需要,而给予适当的教育和引导,使其生命更美好地成长。

第九节 工作曲线

一、蒙特梭利工作曲线

玛丽亚·蒙特梭利通过对儿童的观察,发现了他们在工作中规律性的表现,并在使用科学的方式进行研究后,总结出"工作曲线"的观察记录法。

> 我们可以将孩子的活动过程用一个曲线图来表示:
> 在纸上画一条平行线,表示孩子正处于休息状态;
> 平行线以上表示有规律的活动;
> 平行线以下代表随意乱玩、没有规律的活动;
> 曲线和平行线之间的距离代表活动的规律程度;
> 曲线的方向则表示时间的长短。

用这种方式,老师就可以将孩子每一个活动的时间长度和规律程度用图形呈现出来。孩子的活动过程,将会在图上形成一道曲线。

二、蒙特梭利工作曲线的作用

通过对多个孩子工作曲线的描绘、对比,老师可以发现在自己的教室内,孩子们的情绪状况、工作专注度状况,可以分析出一些规律,寻找环境中的干扰因素,以便对每个孩子有更多的了解,也有利于有针对性地改善环境。

我们来看看玛丽亚·蒙特梭利是如何分析工作曲线的。

当孩子进入教室后,通常先安静一会儿,接着才开始找事情做。因此,曲线是先往上,画到代表有规律的活动部分。

然后孩子玩累了,活动开始变得有点混乱。这时候曲线会画到平行线以下,一直下降到其活动没有规律的部分。

接下来，孩子会换一项新的活动。举例来说，如果孩子在接下来的一开始先玩带插座的圆柱体，接着拿起蜡笔，认真画了一段时间，过了一会儿他又能去逗弄坐在旁边的孩子，这时候的曲线，就必须再一次画到平行线的下方。

接下来，孩子和玩伴斗嘴，这时候的曲线将继续停在活动没有规律的部分。再后来孩子觉得累了，他随手拿起几个铃铛放在秤上，觉得挺有趣的，渐渐专心地玩了起来，孩子的活动曲线则再一次往上攀升到有活动规律的地方。

等到孩子玩得不想玩了，可又不知道接下来要做什么的时候，孩子会烦躁地走到老师身边。

大多数无法专心的孩子，都与上述活动曲线的描述相吻合。这些孩子往往无法把注意力集中在一件事情上，他们通常漫无目的地从一项活动换到另一项活动，原本准备在半年时间里用到的教具，他们在几个小时内就玩遍了。

孩子这种显得毫无章法的行为，是很平常的事。过了一段时间，也许几天、几个礼拜或几个月，我们又重新替这个孩子做了一张新的活动曲线图，我们发现他已有了专注的能力。从活动曲线图上，我们也可以明显地看出孩子的活动状况。他虽然没有非常严重的脱序现象，但是离完全有规律的目标还有一段距离。也就是说，孩子的活动曲线大致维持在有规律和没有规律的活动范围之间。

这种类型的孩子在进入学校后，趋向于找比较容易的事情做，之后，他也许会从教具里找出一些他早已熟悉的东西，重复练习那些他已经学会的东西。过了一阵子之后，孩子看上去有点疲倦，显得不知道该做什么好似的，他的活动曲线下滑到代表休息状态的线。以上活动模式，不但从一个孩子身上表现出来，甚至全班的孩子都是如此。

针对这种情况，一个缺少实际经验的老师该怎么处理才对呢？这位缺乏教学经验的老师也许会这么想：孩子已经做了一阵子日常生活练习，又花了很多时间在教具练习上，所以他一定是累了。既然孩子是因为自己玩累了才没有办法专心的，所以错不在老师身上。

为了让孩子透透气，老师一般会带孩子到操场上玩。等孩子们在操场上没命似的冲来跑去一阵子后，老师才把孩子再带回教室，此时孩子会比没到操场玩之前更好动，更没有办法专心。孩子会继续从一项活动转换到另一项活动，这种"假累"现象会一直持续下去。

在上述情形下，很多老师经常作出错误的结论，认为孩子会对自己选择的工作感到满意，这是不对的。因为孩子的选择很明显是随兴所至，玩了一会儿之后，孩子就会开始烦躁起来。老师对此往往感到无可奈何,他们实在已用尽了各种办法——让孩子休息、换一个地方玩……可是没有一项管用,孩子不但无法继续做原来的事,也没能平静下来。

虽然这些老师在非常用功地钻研着教学方法,但是他们缺乏对孩子必备的信心,因此这些老师没有办法尊重孩子的自主权。这些老师当然是尽了全力,他们对每一项教学建议和教学计划都非常留意。只是这些老师总是习惯于干预和指导,结果反而干扰了孩子的自然发展,妨碍了孩子原本能从中得到的启迪。

如果老师能够尊重孩子的自由,对孩子有信心;如果老师能够把他的所学暂时放置一边;如果老师能谦虚一些,不把他的指导当成是必要的;如果老师懂得耐心等待,他一定会看到孩子所发生的全新转变。老师只有在等到孩子找到自己心智深处尚未被发现的潜能时,孩子焦躁不安因素的心情才得以平息。

但是,如果孩子重新选了一项比之前的活动更为容易的活动,他们不安的心情就不可能平静。这项新的活动必须能够吸引孩子的全部注意力,孩子必须专心地把自己整个投入到该活动中,与此同时,孩子还必须完全不受身边事物的影响。

当孩子完成他的重要活动之后,他的脸上将表现出和"假累"完全不同的表情。孩子之前的表现是看起来很累,现在他的眼睛则闪闪发亮,看起来很平静。孩子似乎有了新的动力,而且充满了朝气。我们称之为工作的循环,包含两个部分:第一部分是单纯地准备工作,它引导孩子接触工作,而且带领孩子进入第二部分——真正的重大工作。

孩子在完成了工作之后,会显得很平静。事实上,孩子只有在这个时候才显出真正的平静。孩子安静祥和的样子,让我们明显地感到他已经找到了新的真理。孩子这时候一点也不疲累,反而充满了活力,孩子的反应就好像我们刚享用了一道美食,或刚洗了一个舒服的澡的感觉一样。我们都有这样的体验,吃饭和洗澡绝对是两样花力气的工作,但是它们不但不会让人觉得累,反而会帮助我们重新充满活力。正因为孩子能够从工作中获得平静休息,所以我们必须尽可能地让孩子有接触重大工作的机会。

在此,让我们思考一下"休息"的真正含义。对我们来说,休息并不表示完全怠惰不动。当我们静止不动的时候,我们全身的肌肉比较容易僵硬,只有当我们放松时,我们的身体才得以歇息。如此一来,我们才能从智力的劳动中,获得精神力量的平静。

生命是神奇的。如一位老师说:"我给孩子这样或那样的事情做,他才会有精力。"他的这一做法应该得到大家的尊敬,因为这的确是了解孩子的唯一方法。只有聆听孩子生命的声音,我们才能帮孩子选择他真正需要的工作。因此,这位老师尊重孩子神奇的生命过程,也明了他必须有信心等待,这便足够了。在没有压力的学习环境下,孩子显得快乐又友善,孩子甚至可能信心十足地想和老师聊聊天。孩子的心灵之窗好像打了开来,孩子想找老师说话,因为孩子现在看出了老师的聪明优秀。从前视若无睹的周围一切,现在好像都在向孩子招手。毫无疑问,孩子现在的感觉变得很敏锐,生活也丰富了起来,对团体活动更加感兴趣。面对这么多生活上的新发现,孩子必须储存足够的精力。一个精神不振、感情贫乏的孩子,对老师的教学是不会有什么反应的。这样的孩子既没有自信也不守规矩。就算真的能教这孩子些什么,也会让你感到精疲力尽。

孩子越专心,就越能从工作中得到平静,也越能发自内心地遵守纪律。在教学方式上达到这种境界的老师,都会延伸出一套特别的沟通方式。例如,一位老师可能问另一个老师:"你们班上孩子们表现怎么样?孩子都组织有序了吗?"老师可能回答:"嘿!你记不记得从前那个很没有秩序的小男孩?他现在变得可自律了。"用这种方式沟通的老师,对孩子接下来的发展通常早已心里有数,他对孩子的教育也就能自然而然地展开。

当孩子越能够自律地工作,他"假累"的时间就会越短,工作结束后的平静的时间就会增长,因此可以让孩子有比较多的时间沉浸于他刚刚完成的工作。这个平静时刻有它特别的意义,虽然工作好像告了一段落了,但是另一项观察外在世界的工作,才刚刚在孩子脑子里展开。孩子打从心里面平静下来,注意观察他周围正在进行的事,在脑子里思考着一些细节,并从中有了一些新的发现。要达到专心的地步,需要经历三个不同的步骤:准备期,有具体目标的工作,能让孩子在内在发展得到满足、使疑惑得到了解,这样三个阶段。当孩子的内在疑惑有了答案时,他的外在表现会有所改变,因为孩子能顿悟到他从来没有发现到的事情。孩子会变得非常听话,而且他所表现出的耐心几乎让人无法相信,更令人惊讶的是,在这之前并没有人真的教孩子要听话或要有耐心。

一个平衡感不好的孩子,可能因为怕跌倒而不太敢走,也不太敢任意挥动他的手臂,这样的孩子走起路来往往"一步一个脚印"。但是一旦他学会了如何保持平衡,这个孩子就不但会跑、会跳,还能左转右弯呢!孩子的心理发展也是同样的道理。一个精神不平衡的孩子是没有办法专心思考的,他也就不能控制自己的行为。这样的孩子怎么可能不经历"跌倒"的危险而去顺应别人的指示呢?

如果孩子不能够依照自己的意愿行事,他又怎么能够听从其他人的指示呢?服从是一种精神上的敏感性,服从是内在心灵平静的结果,服从是力量的表现。用来解释服从力量的最好代名词是适应。

　　生物学家认为,一个人需要极大的力量来适应环境。他们所指的适应环境的力量是什么呢?那是一种让人顺应自然法则,学习如何融入周围环境的重要力量。

　　孩子必须得到健全的发展,还必须达到精神上的平衡协调,这样他才有能力服从别人。在自然界中,只有强者才能适应环境。同样的道理,只有精神上的坚强者,才懂得顺应服从。我们必须尽可能地依据孩子的天性来让他有发展的可能,这样孩子才能够茁壮成长。而一个健康成长的孩子,日后的成就远比我们所期待的还要大。

　　孩子的精神(专注力)能平和、自由地发展到什么程度,也就代表他发展到了何种程度。接下来的一切行为也就成为理所当然的了——孩子会控制他的身体,行动自如,也学会了小心谨慎。我们可以从孩子完全能够安静下来这一点看出,他已经能够做到专心了。孩子的专心程度往往比成人还要强,然而我们绝对不要忘了孩子如何才能达到这一程度,也不要忘了环境在孩子发展中所扮演的角色。

　　我必须再度提醒读者,我并没有从一开始就制订出一套原则,然后依照这套理论来拟订我的教学方法。事实正好相反,我是透过观察自主权受到尊重的孩子,才了解一些内在的法则其实有其普遍的价值。

第六章 创办一个儿童之家

第一节 蒙特梭利教室(儿童之家)的基本设备

一、桌椅

桌椅的材质以木质的最好,坚固又轻便,以幼儿能搬得动为宜。颜色宜使用柔和的淡色,方便幼儿清洁擦拭。形状可以有长方形、正方形、半圆形、圆形、梯形、六边形等多种形状,可分别放置在各个区域里,尺寸适合一个、两个及多个幼儿使用。

尺寸参考:1.5岁~3岁,桌子(长宽高)90cm×55cm×40cm,椅子(长宽高)29cm×26cm×60cm;

3岁~6岁,桌子(长宽高)90cm×55cm×50cm,椅子(长宽高)29cm×24cm×43cm。

二、柜子

柜子按照用途不同,可分为鞋柜、教具柜、储物柜、衣橱。这些柜子的尺寸都应按照幼儿身高设计,便于幼儿自己取用物品。

教具柜尺寸:蒙特梭利教具柜是用来陈列放置教具材料的,也作为各个区域的隔断使用。高度等于和低于幼儿的身高为宜。

1.5岁~3岁幼儿使用的教具柜尺寸:120cm(长)×74cm(宽)×30cm(高)

3岁~6岁幼儿使用的教具柜尺寸:120cm(长)×90cm(宽)×30cm(高)

三、工作毯

幼儿常会在地面上使用教具材料,需用到的地毯称为工作毯。

根据所使用的材料分为小、中、大多种规格:55cm × 75cm、50cm × 80cm、75cm × 105cm。

工作毯的颜色要使用无花纹的纯色,一般为灰、绿、蓝、粉红。

可为工作毯专门订制地毯架,也可以使用藤篮和塑料筐盛装。

四、走线用的线圈

儿童之家的地面上,一般都会有走线及线上活动用的线圈。目前基本是用即时贴或者专用的有弹性的即时贴,在地面上贴出宽为 5cm~7cm 的线。线圈的形状可为圆形或椭圆形(两侧为直线,两端为椭圆)。

线圈与教具柜或墙壁的距离至少要有 30cm,以避免在活动进行中,幼儿碰撞到或触摸教具。

五、其他必备用品

在儿童之家里,最好还有可供孩子洗涤的水槽、用来整理仪容的镜子等。

第二节 蒙特梭利教室的作息安排

一、儿童之家的时间安排

在《蒙特梭利教学法》中,对儿童之家的时间有以下这样的安排。

9:00~10:00

(1)进入教室,打招呼。服装仪容检查。

(2)实际生活练习:互相帮助换穿工作服,打扫教室。

(3) 语言——会话时间,小朋友互相谈论昨天发生的事情。

10:00～11:00

(1) 认知的学习和练习。

(2) 进行名称练习和感觉练习。

11:00～11:30

(1) 简单的体能活动——为使日常的动作达到优雅,用正确的姿势走路、排成一列前进。

(2) 拿取放置物品时动作优雅。

11:30～12:00

午餐时间。

12:00～13:00

自由活动。

13:00～14:00

(1) 指导游戏——尽量在室外举行。

(2) 年长的小朋友轮流进行实际生活的练习,打扫室内,整理清洁用品,全面的清洁检查。

(3) 会话练习。

14:00～15:00

手工——劳作:黏土手工、图案设计等。

15:00～16:00

(1) 团体体操和合唱(尽可能在室外)。

(2) 发展儿童预测能力的练习:照顾植物、动物。

二、部分中国本土化蒙特梭利幼儿园的幼儿作息安排

地域不同、季节不同,幼儿园的作息安排会有很大差异。

7:30～8:20

幼儿来园:做照顾自己和照顾环境的工作,倾听轻柔音乐和歌曲、童谣。

8:20～8:50

吃早餐,参与餐前餐后对自己和环境的管理。

9:00～9:20

阅读、安静游戏、主题课、会话及艺术活动。

9:20~10:30

自选工作(幼儿在各个区域内进行自主选择的活动)。

10:30~11:00

户外活动。

11:00~11:20

餐前准备。

11:20~11:50

吃午餐,餐前餐后对自己和环境的管理。

11:50~12:00

户外散步。

12:00~14:30

听故事,午睡。

14:30~15:00

个人整理,吃点心。

15:00~16:00

有些幼儿园会在这个半日内进行各种集体和分组活动。例如,英语、音乐、美术、数学、科学、社会、语言、健康、体能等课程。

还有些幼儿园会继续让幼儿进入各区域自选工作。

16:00~16:40

户外活动。

16:50~17:20

晚餐。

17:20~17:50

个人整理及环境整理。

17:50

离园。

三、教师一日工作流程

(一)接待孩子

1. 自然而亲切地问候,与家长简短交流。

2. 指导孩子自己整理好衣物和用品。
3. 观察孩子的身体、情绪状况。照顾一些带有情绪的孩子。
4. 让早来的孩子有事情做：在没有早餐的幼儿园，孩子一进班便可以进入各个区域进行活动；在有早餐的幼儿园，孩子们进班后，可进入图书区，或者坐在桌边小范围交流，接近用餐时间时，在老师的提醒下，或者在固定音乐的提醒下，去洗手，做餐前准备。

（二）工作前准备

1. 先吃完早餐的孩子，由一名教师主导在户外活动。
2. 在接近工作时间时，教师提醒幼儿如厕，之后陆续坐在线上。
3. 一名教师坐在线上开始阅读活动，等待更多的幼儿逐渐加入。
4. 待幼儿基本到齐后，全体在轻柔的音乐声中走线。时间不宜长，限制在3圈以内。
5. 全体围坐在线上，进行安静游戏和主题课。时间在5分钟左右。

（三）蒙氏工作时间

1. 简短示范：这个环节根据需要进行。对于一些日常生活的语言和文化类的教育内容，可以在全体孩子参加的大圈中进行讨论和展示，但要尽可能简洁。而对于有些内容，则更适用于分成几个年龄小组，由几个老师分别进行讨论和展示。而数学类教具，则更适宜于一对一的示范和指导。
2. 维护幼儿个别工作的环境。
（1）教师在此时要尽可能不让幼儿注意到自己的存在，尽量待在一个不显眼的位置坐下观察，尽量不要让某一个儿童意识到你一直在观察他。
（2）如果某个孩子对你在观察他有所注意，要自然地转移视线，让他回到自己的工作感觉中去。尤其是在孩子觉得自己做得不够好时，比如打翻了东西。
（3）通过观察、了解和记录全班幼儿的学习及情绪状况，为需要帮助的孩子提供指导。
（4）教师互相之间尽量不在这个时间段内交谈，有什么问题要留到其他时间去说。
（5）维护安静的氛围，避免幼儿的工作被干扰。如果有孩子乱跑、喊叫、扔东西，教师蹲下温和而坚定地示范给他正确的动作。
（6）不要用夸张的语气和表情去称赞孩子的工作，如果有孩子想要获得你的称赞，或者要征求你的意见，你可以温和地说："你很开心是吧。""你自己是怎么想的呢？"
（7）安全意识：对于工作材料中刀具的使用以及使用完的归位情况，要经常给予关注。

（8）如果某些教具被孩子当作幻想类的玩具玩时，需要制止。如果有不止一个孩子多次出现这样的情况，就需要在主题课中有一次讨论和示范，作为教室规则制订出来。

（四）户外活动

由教师在室外负责幼儿的活动照顾，由教师在室内整理幼儿的工作材料及记录。

（五）午餐、午睡、下午课、户外活动、晚餐及幼儿离园

1. 幼儿需带回家物品的整理与准备。
2. 与家长的交流。
3. 教室环境整理。

第三节　蒙特梭利日常生活主题课内容

蒙特梭利日常生活主题课，是放在每天的线上活动时间内，用简短的时间（5分钟左右），用简洁说明和情景示范的方式，向幼儿介绍一些生活常识和规则礼仪等。每天进行什么内容的主题课，取决于幼儿的需要和班集体秩序的需要。

以下这些内容不需要全部进行，而是根据需要从中选择。教师也可以根据班级和孩子的需要自行设计主题。

一、教室规则

（1）上学不迟到，迟到怎么办；
（2）不浪费粮食；
（3）如何轻拿轻放；
（4）如何归位；
（5）如何开门、关门、不夹手；
（6）如何拿递剪刀；
（7）怎样在教室里轻缓地行走；
（8）如何轻声说话；

(9) 别人的东西不能拿；

(10) 请等待——学会等待；

(11) 哪些行为是粗野的行为。

二、照顾自己

(1) 看书姿势；

(2) 如何处理鼻涕；

(3) 怎样咳嗽、打喷嚏和打哈欠；

(4) 如何穿鞋；

(5) 如何保持自己的卫生；

(6) 洗干净手,擦洗过程；

(7) 修剪指甲；

(8) 饭前便后洗手；

(9) 如何擦屁股；

(10) 如何使用餐巾；

(11) 如何识别自己的毛巾和杯子；

(12) 我们的身体需要哪些营养；

(13) 如何用餐；

(14) 如何安全地玩沙子；

(15) 如何安全乘车；

(16) 如何正确上下楼梯；

(17) 流鼻血怎么办；

(18) 异物落入眼中怎么办；

(19) 如何过马路；

(20) 不要拿尖锐的东西奔跑；

(21) 不要随身携带小刀；

(22) 不要爬围墙和栅栏。

三、照顾环境

(1) 怎样拿碗、拿盘子、拿杯子；

（2）保持桌面的干净整齐；

（3）把垃圾扔在垃圾桶里；

（4）节约用水；

（5）保护环境；

（6）如何铺卷工作毯；

（7）如何爱护图书。

四、社会交往

（1）什么是粗鲁、难看的行为；

（2）怎样接待客人；

（3）在别人接待客人时不要打扰他；

（4）工作时来了客人怎么办；

（5）别人在工作或同客人交谈时有事要打扰应该怎么办；

（6）陌生人的东西不能接受,学会自卫；

（7）分享别人的优点；

（8）分享自己的优点；

（9）遇到问题用语言表达,不要用哭表达；

（10）什么叫尊重,如何去尊重别人；

（11）如何表达对别人的爱；

（12）如何打电话、接电话；

（13）如何对待有残障的孩子；

（14）说"请"和"谢谢"；

（15）如何自我介绍、介绍新朋友；

（16）如何对待新孩子和小小孩；

（17）介绍爸爸妈妈的职业；

（18）介绍爸爸妈妈的名字、电话、家庭住址；

（19）介绍爸爸妈妈的优点和缺点；

（20）如何尊重自己和别人的隐私；

（21）遇到困难和危险如何解决；

（22）为什么不能离开幼儿园；

（23）当成人野蛮对待自己时怎么办；

（24）什么样的游戏是危险的游戏；

（25）你会选择什么样的人做朋友；

（26）见面时如何问好；

（27）如何坐立。

【作业】选择或设计一个主题，做情景演练。

第四节 展示页范例

展示页，相当于教案。老师们要在给孩子作示范之前，研究教具以及想要达成的目标。通过写展示页，做好物质准备和思想准备。并且在持续的教育实践中去不断修订各个教具的展示页，以完善自己对于教具以及示范过程的认识和把握。

预备类

活动名称		走线
教具构成		1. 场地：贴上椭圆形的线，可以贴两圈 2. 准备走线的材料：沙包、串珠、积木、铃铛、水杯等 3. 音乐：舒缓的音乐
教育目的	直接目的	为了稳定幼儿的情绪，训练幼儿的身体平衡
	间接目的	训练幼儿的协调能力
教育过程		1. 在老师的带领下，跟着老师走 2. 让幼儿观察老师的动作变化 3. 在圈内某一个固定的位置放一个托盘，里面放走线材料
变化延伸		1. 在走线过程中，可以穿插节拍练习 2. 小班可以学动物走线，中班可以练习基本的舞步，大班可以练习律动
错误控制		线
兴趣点		动作的变化，辅助材料的运用
适用年龄		进入蒙氏班后就可以走
注意事项		1. 步行的方向要一致（顺时针） 2. 教会孩子学会保持距离

第六章　创办一个儿童之家

日常生活类

活动名称		五指抓
教具构成		托盘一个,广口碗两个(一碗物,一碗空)从大颗粒到小颗粒,乒乓球、花生……
教育目的	直接目的	训练幼儿五指的力量
	间接目的	1. 培养幼儿手、眼、脑协调的能力 2. 做事有始有终 3. 坚持性
教育过程		1. 取工作毯并铺好 2. 老师取教具,双手端托盘,并放在工作毯的右下角 3. 介绍工作名称:今天老师给小朋友带来的工作是…… 4. 双手取教具,取托盘左侧装满材料的容器,放在工作毯的左侧,取托盘右侧的容器,放在工作毯的右侧 5. 示范: 右手五指用力张开,缓慢优雅地从左侧容器中抓物体移入右侧空碗中,直到抓完为止 左手示范五指张开,将右碗里的材料抓回左碗内 双手取左侧装满物体的容器放到托盘左侧,双手取空碗放回托盘右侧 双手端托盘将教具送回教具柜,按标记摆好 6. 收工作毯
变化延伸		1. 容器的变化:给幼儿准备多种材质的容器,以丰富幼儿的听觉 2. 所抓物体的变化:颗粒大小、软硬度等 3. 区分大小
错误控制		容器
兴趣点		1. 所抓物品的质感、色彩 2. 物品落下时发出的声音
适用年龄		两岁以后
注意事项		1. 教具取回放在工作毯的右下角 2. 装满物品的碗,固定在左边(左物右空) 3. 教师不做镜像教学 4. 示范要有始有终

感官类

活动名称	圆柱体插座
教具构成	圆柱体插座4组 第一组:直径和高同时递减 第二组:高固定不变直径递减 第三组:反比例组 第四组:直径不变高度递减
教育目的	**直接目的**:培养孩子视觉的敏锐性,学习辨别物品大小、高低、粗细的特征。 **间接目的**: 1. 培养孩子的逻辑思维能力(配对、排序)。 2. 为书写作准备。
教育过程	配对: 1. 邀请孩子,说:"今天我们来做圆柱体插座的工作。" 2. 双手握住第一组圆柱体插座,把圆柱体插座拿到桌子上(一次只出示一组) 3. 坐在孩子右手一侧 4. 用三指捏的动作捏住圆柱体的手柄部分,从粗到细把圆柱体抽出,放在插座前 5. 三指捏住最大的圆柱体插座将其插回插座 6. 如此示范2~3个后请孩子尝试 7. 展示结束后可让孩子自由操作一会儿 8. 注意:每次给孩子展示一组,分成四次展示完 排序: 1. 请孩子取来第一组圆柱体插座,放在桌子上 2. 将圆柱体插座取出随意混放,通过视觉的辨别找出最大的一个,放在桌子的左边 3. 从剩余的圆柱体插座中找出最大的一个,放在上一个的右侧,依次类推将其按照由大到小的顺序排列 4. 将排列好的圆柱体插座一一放回凹槽中,结束工作 5. 注意:每次给孩子展示一组,分成四次展示完 三阶段教学法(名称练习): 1. 取出最大的和最小的放在一起 2. 用三阶段教学法将两个圆柱体插座的特征"大的"、"小的"教给孩子 第一阶段:命名——介绍物体和概念或名称,把感觉和名称联系起来。用手指着大的圆柱体插座说"这是大的",重复2~3次并示意孩子模仿;用手指着小的圆柱体插座说"这是小的",重复2~3次

续表

感官类

活动名称	圆柱体插座
教育过程	第二阶段:辨别——名称、概念或物体的再确认,使用选择性的问题让孩子来回答,问题中要出现"大的"、"小的",如: "请你指一下哪个是大的/小的" "请你把大的/小的放在我的手上" "请你摸一下,这个是大的还是小的"等 第三阶段:发音——名称、概念或物体的记忆重现,请孩子发音说出正确名称。如"这是什么" 注意:在第一次教孩子认识"大、小"时,选择最大的和最小的两个,给孩子视觉上反差最大的刺激,等孩子比较熟练后,再选择相近的两个让孩子来认识
变化延伸	1. 两组、三组、四组的组合操作 2. 使用其他的物品进行排序和配对 3. 名称练习: 第一组:大的—小的 第二组:粗的—细的 第三组:又粗又矮的—又细又高的 第四组:高的—矮的
错误控制	插座与圆柱体的匹配
兴趣点	1. 所抓物品的质感、色彩 2. 物品落下时发出的声音
适用年龄	两岁或两岁半以上的孩子
注意事项	1. 教具取回放在工作毯的右下角 2. 装满物品的碗,固定在左边(左物右空) 3. 教师不做镜像教学 4. 示范要有始有终

数学类

活动名称		数棒
教具构成		数棒 1~10
直接目的	直接目的	学习 1~10 连续的数量、学习数数
	间接目的	1. 导入数的概念 2. 为学习十进位法打基础
教育过程		数棒的命名： 1. 铺开工作毯，邀请孩子一起来工作，介绍要做数棒的工作 2. 握数棒两端对齐，由短至长——取出并散放到工作毯上 3. 数棒左端对齐，按照由长至短的顺序排列在工作毯上方 4. 取出数棒 1，指着它说"1，这是 1" 5. 取出数棒 2，拿着数棒 1 比着 2 数"1、2 这是 2"，将数棒 1 放回原位 6. 依此类推，数完后按照由长至短的顺序将数棒送回去。收工作毯 注意：数棒是孩子第一次接触数量的工作，每次只要认识 3~4 根就可
变化延伸		1. 为数棒配上 1~100 的数字卡片 2. 按照一定顺序摆出不同的图形，亦可和粉红塔、棕色梯搭配
错误控制		
兴趣点		
适用年龄		3 岁或 3 岁以上
注意事项		数棒红色在左端

第五节 新生入园家长工作策略

一、报名阶段

每位家长由一位教育咨询顾问专门负责,完成以下流程。

1. 填写《新入园幼儿情况介绍表》(附件1)

此表的意义:

(1) 了解幼儿信息。

(2) 了解家长教养特点和家庭教育环境。

(3) 显示幼儿园的关注点在儿童发展上。

(4) 家长通过填写此表格对自己的教育风格和孩子的成长状况进行总结和反思。

(5) 此表中反映出的信息作为今后观察和研究孩子的素材。

(6) 此表中反映出的孩子的个别需求作为在班级内制订孩子个体教育方案时的参考。

(7) 在家长填写此表之前、过程中、之后,幼儿园教育咨询顾问借助表中各项与家长交流讨论,或解答家长疑问。在此过程中避免单向讲授和灌输,避免指责家长和针锋相对。

2. 填写《家长对幼儿提出的学习目标》(附件2)

此表的意义:

(1) 让家长通过填写此表,了解幼儿园的基本教育内容。

(2) 让家长了解学习内容的广泛和丰富,将以前家长认知模糊的认识清晰化,使家长关注孩子全面健康发展,并积极影响家长在之后的家庭教育行为。

(3) 了解家长认为重要的目标,了解家长的期待。

(4) 在填写此表的过程中与家长就"孩子需要学些什么"有些探讨和交流。在此过程中避免单向讲授和灌输,避免指责家长和针锋相对。

3. 发放《幼儿在园一日作息时间安排》

家长了解幼儿在园的一日作息。幼儿园教育咨询顾问需要逐项讲解,把在各个时间段里的情况作较为详细的说明。解答家长的疑问。

好的方式：有提前拍摄的幼儿园一日生活视频或照片。

4. 发放《幼儿入园须知》、《写给新生家长》

让家长现场看，如果有问题，可以当面解决。

若家长没有时间，可以拿回家看，并欢迎家长利用电话、邮箱、QQ进行咨询。

如果家长没有意识到幼儿是通过探索、游戏活动来学习，可以考虑让家长观看一些视频，并对孩子的行为加以解释。但这一部分需要根据家长自身的意愿进行，不可强求，不急于求成。

二、开学阶段

1. 分批入园

根据班级新生人数和教师人数，以及幼儿家庭成员工作时间，安排幼儿分批入园，保证新生能得到更多的关注和照顾，并每日填写《新生一日生活记录表》，在每天家长来接时交给家长。

2. 家长陪伴

对于部分分离焦虑严重的孩子，可以让家长陪伴孩子1~3天。提前发放给家长《新生家长在园陪伴孩子须知》，并对其中重要选项口头告知。在园内，老师对于陪伴孩子的家长的言行要进行观察，对于不适宜言行要及时进行沟通和指导。

3. 家长沙龙

以班级或者全体新生为单位，召开家长会或家长沙龙。将幼儿培养目标、教育内容和教育形式、幼儿年龄阶段会出现的一些特征、家长需要配合事项等做一个统一的说明。对于家长通常会关心的安全问题、饮食问题、幼儿之间可能会出现的纠纷、学习内容等问题提前给予解释。

4. 家长观摩孩子在园的活动

（1）为避免家长干扰到孩子的正常生活学习，尽量采用视频方式观看。有条件的幼儿园修建一个观察室或观察窗，使用单面玻璃，让家长分批分时间段观看孩子在园的生活和学习状况。幼儿园尽量派专人为家长讲解。若要求观摩的家长多，可以由家长提前申请，预约时间。

（2）教师每天在孩子们参与教室各种活动时用相机拍下照片，传到相关网页上。最好教师对照片加以文字说明。

5. 家访

教师经过与家长沟通，制订一个家访计划。家访的目的是了解家庭环境中的幼儿，了解幼儿的父母和家庭背景方面的信息,也会使孩子对老师更有亲切感和接纳度。

家访的基本结构:

(1) 倾听和分享故事,围绕孩子的成长和进步。

(2) 讨论孩子在园的表现(若孩子在身边,这一部分可省略,避免给幼儿造成某方面的强化。即使孩子不在身边,也要以正向积极的分析评价为主,避免给家长造成压力和焦虑感)。

6. 家园联系册

每周写一份对幼儿本周情况的汇总分析,以及幼儿本周作品,在周末交给家长。对幼儿的分析要集中在幼儿的进步成长部分。让家长转述老师对于孩子的书面欣赏,有助于增进幼儿与教师的关系,并使得幼儿对自己更有信心。

三、融入阶段

邀请家长成为班级志愿者。对家长进行访谈和问卷调查,了解家长的特长和意愿,安排家长进入班级参与到班级事务管理和教育活动中。成立班级家长委员会,协助组织各类活动,协助收集教育材料。

附件1: 新入园幼儿情况介绍表(家长填写)

幼儿姓名		性别		出生日期		贴照片处
是否独生子女			兄弟姐妹情况			
民族			有否忌口			
健康状况(平时易患何种疾病)						
饮食习惯(喜欢吃、不喜欢吃、吃饭时需要喂吗)			睡眠习惯(睡眠时间、午睡习惯、睡前习惯)			
大小便习惯(需要大小便时使用的词语、大小便使用坐便还是蹲便、是否有人陪伴)			最喜欢的玩具和活动			

续表

最喜欢的图书	
是否有看电视或使用电脑的习惯,如有,写出常看的内容以及时间长短	
以前有否入园或参加各类教育机构的经历	
与其他人相处的经历(照顾者、玩伴)	
孩子经常惧怕什么,为了克服恐惧,采用过什么方法	
在家中最依恋的人、依恋程度,与其他人的依恋状况	
照顾者经常用什么方式引导孩子的行为	
家庭中有哪些规则	
将孩子送到我园的期待	
家长为了孩子教育的学习经历和学习内容	
家长的兴趣爱好、您是否有愿意和孩子的班级分享的部分(包括可提供的参观地点)	

续表

父亲姓名		父亲职业		电话	
母亲姓名		母亲职业		电话	
详细家庭地址					
家庭电话			紧急情况联系电话		
电邮			QQ		
家长需要特别说明的					

附件2: 家长对儿童提出的学习目标

基本资料:

儿童姓名　　　　　　年龄　　　　　　您的姓名　　　　　　日期

填写说明:

在横线上填写数字,来表示以下各项目对您和您的孩子来说的重要程度。

非常重要—1;比较重要—2;不重要—3。

学习目标:

一、身体技能

1. 会照顾自己(吃饭_____、穿衣服_____、穿鞋_____、饭前洗手_____、饭后擦嘴漱口_____)

2. 会照顾环境(物品整理归位_____、收拾用品_____、清扫擦拭_____)

3. 精细动作(使用剪刀_____、平稳端液体_____、平稳倒液体或固体_____)

4. 大动作(能上下攀爬器械_____、能在平衡木上保持平衡_____、会投掷和抓接球_____)

5. 安全防护(会等待_____、会排队_____、不推挤_____、不塞异物在耳鼻口内_____、不跟陌生人走、不单独到小河边、马路上去玩_____、遇到危险会呼救_____)

二、认知

1. 指认颜色和形状_____

2. 将相似物品分类_____

3. 数数_____

4. 理解数字和数量之间的关联_____

5. 关心和照顾植物_____

6. 关心和照顾动物_____

三、语言

1. 说话清晰_____

2. 用简短的句子和别人交流_____

3. 喜欢故事书,愿意听故事_____

4. 写自己的名字_____

四、创造性

1. 创编一个故事_____

2. 唱一首歌_____

3. 弹奏一种节奏乐器_____

4. 在画架上画画_____

5. 使用面团或橡皮泥、陶土_____

五、社会技能

1. 与其他儿童友好相处_____

2. 会轮流_____

3. 分享玩具和材料_____

4. 能进行合作游戏_____

5. 会主动交朋友_____

6. 能控制不适宜的行为_____

7. 能解决因玩具而起的冲突_____

8. 能谈论感受_____

六、自信程度

1. 对人或事不感到害怕_____

2. 在教室的活动中有成功感_____

3. 在教育机构里感觉很愉快_____

4. 喜欢其他儿童_____

5. 对自己感觉良好_____

七、其他

第六节 各种工作表格范例

幼儿蒙氏工作记录表

班级　　　　　　日期　　　　　　记录教师

幼儿姓名	开始时间	教具名称	工作状态	结束时间

儿童工作观察记录表

班级　　　　教师　　　　　　　　　　年　月　日

姓名		性别		年龄		入园时间	
日期	工作内容			工作状态		情绪	

幼儿工作记录表

姓名　　　　　　建表时间　　　　　　建表年龄

内容	初次接触时间	自发选择时间	频率	结束时间	备注
日常生活					
1. 照顾自己					
A. 挂衣服、帽子、手套					
脱外衣					
穿鞋					
洗手					
B. 衣饰架、系扣子					
系扣子					
按暗扣					
拉拉链					
系鞋带					
系蝴蝶结					
2. 照顾室内环境					
A. 生活照顾					

续表

内容	初次接触时间	自发选择时间	频率	结束时间	备注
走、坐、站、走圆圈					
搬椅子					
搬桌子					
将椅子推入桌下					
取放教具					
拿刀、剪					
打开和关上盒子					
扫地					
收放餐具					
B.工作材料					
卷工作毯					
舀豆子					
舀大米					
舀玉米					
夹					
倒					

续表

内容	初次接触时间	自发选择时间	频率	结束时间	备注
倒					
倒					
倒					
挤海绵					
挤滴管					
擦					
擦					
擦洗					
擦洗					
清洗					
清洗					
浇花					
切					
切					
捣					

续表

内容	初次接触时间	自发选择时间	频率	结束时间	备注
捣					
缝卡片					
缝扣子					
串					
钉					
拧					
转					
刺绣					
感官教具					
1. 视觉					
A. 转换架					
简单拼图					
复杂拼图					
插棍板					
拼花积木					

续表

内容	初次接触时间	自发选择时间	频率	结束时间	备注
橡皮筋板					
B.配对					
水果、图卡、字卡					
纽扣颜色					
纽扣形状					
纽扣大小					
螺母与螺栓					
瓶子与瓶盖					
C.分类					
坚果					
豆子					
谷粒					
D.视觉类教具					
插座圆柱体1					

续表

内容	初次接触时间	自发选择时间	频率	结束时间	备注
戴眼罩					
插座圆柱体2					
戴眼罩					
插座圆柱体3					
戴眼罩					
插座圆柱体4					
戴眼罩					
加控制图片					
粉红塔					
加字卡					
加控制图片					
棕色阶梯					
加字卡					
加控制图片					
粉红塔与棕色梯组合					
长棒					

续表

内容	初次接触时间	自发选择时间	频率	结束时间	备注
加字卡					
摆迷宫					
彩色圆柱体黄色					
垂直积高					
水平摆放					
加字卡					
彩色圆柱体红色					
垂直积高					
水平摆放					
加字卡					
彩色圆柱体绿色					
垂直积高					
水平摆放					
加字卡					
彩色圆柱体蓝色					
垂直积高					

续表

内容	初次接触时间	自发选择时间	频率	结束时间	备注
水平摆放					
加字卡					
彩色圆柱体与插座圆柱体配对					
色板1					
加字卡					
色板2					
加字卡					
色板3					
加字卡					
几何拼图橱					
演示盘					
加字卡					
圆形					
加控制图片					
按大小排列					
记忆游戏					

续表

内容	初次接触时间	自发选择时间	频率	结束时间	备注
三角形					
加字卡					
加控制图片					
按大小排列					
记忆游戏					
多边形					
加字卡					
加控制图片					
按大小排列					
记忆游戏					
曲线图形					
加字卡					
加控制图片					
按大小排列					
记忆游戏					
几何实心体					

续表

内容	初次接触时间	自发选择时间	频率	结束时间	备注
圆锥体					
圆柱体					
立方体					
球体					
四棱锥					
三面体					
长方体					
卵形体					
椭圆体					
四面体					
实心体图形配对					
图形板					
神秘袋					
二项式					
有序摆					
无序摆					

续表

内容	初次接触时间	自发选择时间	频率	结束时间	备注
三项式					
有序摆					
无序摆					
构成三角形					
三角形					
加字卡					
小六边形					
加字卡					
大六边形					
加字卡					
长方形					
加字卡					
2.其他感官教具					
温觉瓶(2.5~4岁)					
触觉板(2.5~4岁)					

续表

内容	初次接触时间	自发选择时间	频率	结束时间	备注
重量板(3~5岁)					
神秘袋(3~5岁)					
发声筒(3~5岁)					
嗅觉筒(3~5岁)					
数学教具					
数棒					
纺锤棒箱					
砂纸数字					
写数字					
连续的数					
数字与筹码					
零的游戏					
数塔					
彩色珠					
塞根板					

第六章　创办一个儿童之家

续表

内容	初次接触时间	自发选择时间	频率	结束时间	备注
接龙游戏					
银行游戏					
邮票游戏					
加法板					
减法板					
乘法板					
除法板					
百珠链					
千珠链					
集合与比较					
分数小人					
分数板					
彩色串珠棚					
语文教具					
砂纸拼音字母卡					

续表

内容	初次接触时间	自发选择时间	频率	结束时间	备注
偏旁部首字母卡					
命令卡					
图片与字卡配对(3.5岁)					
实物与图片及字卡配对(4~5岁)					
文化教具					
认识时间(每是活动、生日、季节变化、现在、过去、将来)					
认识日月(年、月、日与星期的介绍、时间的连续性、找一个特别的日子)					
对生命的成长、生活的变化及延续的认识					
了解自己和地球的关系					
了解地球与太空的关系（星星、白天、黑夜、阴、晴、圆、缺）					
明白动植物与人类的关系（具体植物、动物与人类）					
了解地球的构造(火山、地震)					
艺术练习					

续表

内容	初次接触时间	自发选择时间	频率	结束时间	备注
1. 剪切练习顺序					
3厘米宽的硬纸板					
粗线					
细线					
梳子齿状					
曲线					
锯齿线					
迷宫					
几何形状					
2. 粘贴练习					
3. 油画棒					
4. 水彩画					
5. 拓印画					

每日下班前核查表

核查人：　　　　　班级　　　　时间

	内容	打勾	备注
1	擦净地板、桌子		
2	工作毯放置整齐		
3	清洗案板、刀子、海绵，每周五消毒		
4	给植物浇水		
5	擦净围裙并挂好		
6	纸张和各类笔、泥等材料保证可以使用		
7	完整配对和分类教具		
8	没有残缺、过期、无法使用的材料		
9	清空清洗垃圾箱		
10	整理孩子的作业纸		
11			
12			

本日小结：

蒙氏教室评价表

班级	主班教师	助理教师	日期
观察开始时间		观察结束时间	
现场孩子人数			

一、给教师打分:1~5分,5分是最高

1. 在教室里的态度

　　主动( ),被动( ),放松( ),说话轻声( ),说话真诚( )

　　表现自信( ),表现友好( ),关心孩子( ),尊重孩子( )

　　与人目光交流( ),孩子易于接近( ),介入前让孩子先尝试解决争端( )

　　能够观察到教室的整体情况( ),来回走动并能发现不同孩子的需要( )

　　其他:

2. 教具的使用

　　教具柜中的教具按从简单到复杂的顺序摆放( ),轻松自如运用教具( )

　　演示教具时的讲解简洁明了( ),演示时让孩子坐在自己的左边( )

　　使用教具时从上到下,从左到右( )

　　其他:

二、给孩子打分:1~5分,5分是最高

　　孩子喜欢工作( ),孩子能正确使用教具( ),孩子表现出独立性( )

　　孩子表现出自律( ),孩子表现出专注( )

　　孩子使用有难度教具的情况:

　　日训( ),感官( ),数学( ),语文( ),文化( ),艺术( )

　　其他:

三、给环境打分:1~5分,5分是最高

　　整洁( ),美观( ),真实( ),有吸引力( )

　　教具完备情况:

　　日训( ),感官( ),数学( ),语文( ),文化( ),艺术( )

整体印象及概括性评价:

新生一日生活观察记录表

姓名　　　　年龄　　　　入园时间

日期	情绪	饮食	睡眠	活动

幼儿详细观察及分析表

姓名　　　　日期　　　　年龄　　　　教师

	观察内容	评析	
工作	1. 使用每一件教具的时间		
	2. 被动工作的时间		
	3. 观察其他小朋友工作的时间		
	4. 两次活动之间的空闲时间		
	5. 今天完成了几件工作		
	6. 工作难度进程		
	7. 工作时出现哪些重复		
	8. 做哪一类工作最专心		
	9. 做哪一类工作不专心		
独立性	1. 独自工作的时间		
	2. 和老师在一起工作的时间		
	3. 和其他儿童在一起工作的时间		
	4. 在小组工作中是观察者还是参与者		
	5. 自选积极性如何		
	6. 独立完成自己的事情还是被动		
社会行为	1. 主动接触其他孩子的情况		
	2. 是否被别的孩子接受或拒绝		
	3. 与同龄、年长和年幼的孩子接触的情况		
	4. 当别的孩子要与他接触时的反应		
	5. 是否寻求成人的帮助		
	6. 是否寻求其他孩子的帮助		
	7. 是否逃避成人		
	8. 是否积极与成人接触		
	9. 在班级里是个小助手吗		
	10. 自律的情况		
	11. 服从的情况		

月工作计划

本月主题			
规则建立重点			
环境创设			
家长工作及家长园地			
幼儿发展要求	区域	材料投放	目标
	日训		
	感官		
	数学		
	语文		
	文化		
其他			

第六章 创办一个儿童之家

工作展示页

活动名称：

教具构成：

教育目的：

操作方法：

变化延伸：

适用年龄：

错误控制：

兴趣点：

注意事项：